Horóscopo 2024
Leão

Angeline A. Rubi
Alina Rubi

Quem é o Leão?

Datas: 24 de julho a 23 de agosto

Dia: Domingo

Cor: amarelo, dourado

Elemento: Fogo

Compatibilidade: Aquário, Sagitário e Áries,

Símbolo:

Modo fixo

Polaridade: Macho

Planeta regente: Sol

Casa 5

Metal: Ouro.

Quartzo: Rubi, diamantes, ônix.

Constelação: Leão

Personalidade Leão

A sua personalidade é simplesmente exuberante. Regido pelo Sol, possui uma força que motiva os outros a moverem-se e quer sempre brilhar e dominar.

Esta qualidade pode tornar-se um defeito porque pode ser bastante dominador. Não conhece a vingança, é generoso material e pessoalmente, e é o melhor chefe de um grupo.

Este signo é entusiástico, criativo e muitas vezes solidário com as circunstâncias dos outros; adora o luxo e a aventura; correr riscos motiva-o.

Caracterizam-se também por terem uma opinião elevada sobre tudo, especialmente sobre si próprios, razão pela qual evitam a vulgaridade.

São organizados, destacam-se frequentemente em cargos de responsabilidade e têm uma grande capacidade de obter o equipamento necessário para desenvolver os seus objetivos. Os obstáculos não os impedem de avançar. Na verdade, prosperam com eles.

São leais e protetores. São excelentes amigos, carinhosos e protetores. Não falham com os seus entes queridos e isso significa que, de vez em quando, se envolvem nos problemas dos outros.

São maus perdedores: são bastante ambiciosos e desafiantes e também gostam de se exibir. Se algo não lhes corre bem, reagem de forma destrutiva.

Aproveitam cada segundo ao máximo, amam a vida, gostam de se divertir e apreciam todos os tipos de entretenimento: música, cinema, teatro, natureza. Se não puderem desfrutar dos seus passatempos, o seu humor altera-se e desligam-se.

Estão apaixonados, é um sentimento que adoram e é um dos ingredientes fundamentais do molho da vida que estão sempre à procura. Com o seu parceiro, gostam de se sentir admirados e elogiados.

Elegantes desde o berço, já reparou como andam e se movimentam? Em geral, os nativos de Leão têm um físico marcante, andam com elegância e tendem a ter um olhar cativante.

Orgulhosos e altivos, podem ser tirânicos e, por vezes, um pouco despóticos.

Horóscopo do Leão

Geral

2024 traz energias de segundas oportunidades para os leoninos, por isso pense no que isto pode significar para si.

Pode haver grandes mudanças nas suas relações, na forma como as aborda e lida com elas, nas pessoas que atrai e no que quer e precisa nas suas relações pessoais.

Os Eclipses Lunares trazem um foco intenso naquilo que precisa de transformar para melhorar as suas relações. Poderá ter de lidar com algo de que tem andado a fugir há algum tempo, o que pode ser perturbador, mas acabará por o ajudar a avançar.

Pode sentir-se mais ambicioso e lutar pelo sucesso. Conseguirá alcançar algum tipo de sucesso que há anos está a ser planeado.

Sentir-se-á entusiasmado com o trabalho que está a fazer e, se não tiver paixão por ele, este ano pode concentrar-se em tentar encontrar um novo emprego.

As luas novas dar-lhe-ão a oportunidade de procurar um novo emprego, se for esse o seu desejo, e poderá iniciar novos projetos e concentrar-se naquilo que o entusiasma.

É provável que tenha de fazer algumas mudanças importantes, mas tem de ser inteligente. Se gosta do que faz, pode fazer grandes progressos e ser bem-sucedido. Poderão surgir oportunidades que o ajudarão a investir, e encontrará formas criativas de se sentir mais confiante na forma como investe o seu dinheiro.

Deve proteger a sua saúde, não tente fazer tudo ao mesmo tempo. Lide com os problemas à medida que forem surgindo.

As alturas em que se depara com fortes desafios são o início do ano e os meses de verão.

Amor

Plutão tem estado na vossa área do amor há mais de uma década, por isso têm estado mais sérios e intensos em relação ao amor e levam-no muito mais a sério. O que o amor é e significa para si, sofreu uma transformação, mas agora sente-se mais alinhado com o que é verdadeiro para si. Sabe o que realmente quer e precisa numa relação e, se estiver empenhado, está disposto a dar.

Durante os períodos retrógrados de Mercúrio, os problemas existentes nas suas relações amorosas aumentarão, o que pode fazer com que se sinta frustrado e impaciente com os outros, mas precisa de trabalhar em todos esses problemas e melhorar.

Este ano pode ser uma boa altura para reacender as chamas de uma relação existente ou reconectar com um amor antigo, especialmente com as luas novas que podem proporcionar oportunidades para o fazer. De qualquer forma, deve tentar cultivar as suas ligações com os outros e dar-lhes apoio.

Saturno e Neptuno estarão no seu sector da intimidade durante todo o ano e, por essa razão, é importante para si ter uma ligação espiritual com as pessoas que lhe são mais próximas. Será mais assertivo e realista ao lidar com os seus laços emocionais com os outros.

Pode centrar-se em problemas e traumas antigos que tenham impedido estes laços de uma forma saudável e aprender lições sobre o passado que o ajudarão a criar melhores laços no futuro.

Para alguns leoninos, o amor pode levar ao casamento. Se é um Leão solteiro, prepare-se para encontrar o seu verdadeiro amor. Mas tenha cuidado, não deve confiar em toda a gente porque algumas pessoas podem tentar aproveitar-se da sua bondade.

Os leoninos casados verão a felicidade e o crescimento das suas famílias. Para manter o seu parceiro feliz, concentre-se no seu bem-estar. Este ano, escreverá memórias incríveis com o seu parceiro. O vosso amor vai fortalecer-se, alcançando novos horizontes.

Podem surgir mal-entendidos de vez em quando, por isso, nos momentos difíceis, é importante ser paciente. Lembre-se de respeitar as decisões do seu parceiro e de não forçar as suas opiniões. Com paciência, manterá a sua relação forte e feliz.

Alguns leoninos poderão reencontrar um amor do passado, por isso mantenha o seu coração aberto. Poderão esclarecer velhos mal-entendidos e desfrutar do amor.

Apreciarão cada momento e as vossas relações familiares serão reforçadas com amor e compreensão.

Economia

Úrano junta-se a Júpiter até 25 de maio na sua área do dinheiro. Esta combinação é fabulosa para fazer descobertas súbitas e experimentar o sucesso de uma forma rápida, inesperada e não convencional. Poderá abordar os seus objetivos e planos a longo prazo de uma nova forma, o que lhe abrirá mais portas.

O ano de 2024 será uma mistura de ganhos e perdas. O seu trabalho árduo trar-lhe-á dinheiro, mas problemas familiares e outros causarão instabilidade financeira. Tente poupar dinheiro para quando surgirem situações difíceis. Gastar sabiamente pode poupar-lhe algumas dores de cabeça.

A primeira metade do ano será uma mistura de bons e maus momentos, uma vez que as suas despesas aumentarão, mas também ganhará mais dinheiro. Se não controlar as suas despesas, poderá ter problemas financeiros.

No entanto, graças a Júpiter, se se dedicar a isso, poderá poupar dinheiro, uma vez que os recursos virão de diferentes fontes e poderá comprar uma casa, se for esse o seu desejo.

Se não tiver um seguro de saúde, os custos dos cuidados de saúde podem afetar as suas finanças. É por isso que tem de ter cuidado com as suas despesas e ser inteligente com o seu dinheiro. Lembre-se de tomar decisões financeiras sensatas.

A saúde do Leão

Este ano terás uma saúde fantástica. Sentir-se-á enérgico, feliz e forte, tanto no corpo como na mente e na alma. Ser mentalmente forte é importante e, felizmente, vai começar o ano com uma mentalidade forte. Sentir-se saudável ajudá-lo-á a ter sucesso no seu trabalho.

Será saudável e livre de doenças. Se tiver algum problema de saúde crónico, este pode ser o ano para o ultrapassar. Para se manter saudável, tente adicionar a meditação e o exercício físico à sua rotina diária. Não se esqueça que manter a sua mente calma e sem stress é fundamental para se manter saudável.

O descanso é importante para uma boa saúde, beba muita água e exponha-se à luz solar para obter vitamina D.

Os Leões adultos podem sentir dores nos joelhos ou nas articulações, especialmente durante o inverno.

Altere os seus hábitos alimentares para melhorar a sua saúde. Tenha cuidado com acidentes e lesões, especialmente quando conduz ou pratica desporto.

Família

Estará concentrado nos assuntos domésticos e familiares. Trabalhará para terminar projetos em casa, o que o ajudará a sentir-se mais confortável, estável e emocionalmente seguro.

Durante os períodos de Lua Cheia, os problemas familiares podem vir à tona e é importante abordá-los e resolvê-los.

O ambiente familiar será, em geral, muito calmo e harmonioso durante este ano. Os problemas que surgirem serão resolvidos de forma amigável. Poderá haver problemas de saúde com membros adultos da família que exijam cuidados médicos.

As obrigações profissionais podem afastá-lo dos seus familiares, mas haverá celebrações e a chegada de novos membros da família.

Poderão ocorrer ruturas ocasionais com o seu parceiro devido a desentendimentos familiares. Tenha muito cuidado ao lidar com os seus irmãos, pois eles podem ter problemas legais devido a heranças ou legados. Não atua precipitadamente.

Se for solteiro, pode conseguir estabelecer uma relação estável, mas, em geral, existem inúmeras oportunidades para melhorar as suas relações amorosas.

Datas importantes

25 de março - Eclipse Lunar em Leão (Lua Cheia)

Este Eclipse vai pôr fim a atitudes que o magoam. Deverá tentar estabelecer limites para as pessoas que se cruzaram no seu caminho. É possível que termine uma relação tóxica, e será melhor assim.

2 de julho - Mercúrio entra em Leão.

11 de julho - Vénus entra em Leão. Este trânsito terá impacto nas suas relações românticas e na forma como se relaciona com os outros. Poderá também tornar-se mais dramática e exigente nas relações, por isso tenha muito cuidado.*

22 de julho - O Sol entra em Leão. Feliz regresso do Sol.*

08/04/2024 Lua Nova em Leão. Durante este período, estará entusiasmado, animado e pronto para a ação. As oportunidades podem surgir no seu caminho. Deve tomar iniciativas e ir atrás do que quer, e fazer as coisas acontecerem. Esta Lua Nova surge alguns dias antes da retrogradação de Mercúrio no seu signo, pelo que poderá estar mais concentrado numa segunda oportunidade.

 14/08/2024 a 28/08/2024 Mercúrio retrógrado em Leão *(depois de ter começado em Virgem). Isto pode causar muitos mal-entendidos, falta de concentração, e pode sentir que pequenas coisas estão sempre a aparecer e a exigir a sua atenção. Pode sentir-se disperso, ansioso e stressado. Tente ter algumas estratégias saudáveis para lidar com o stress antes do início da retrogradação, para que possa lidar com ele bem e facilmente.*

4 de novembro - *Marte entra em Leão. Marte no seu signo é tradicionalmente uma altura de grande energia e entusiasmo para novos começos e negócios. Estará entusiasmado com as oportunidades que tem. Aproveite esta altura porque Marte estará retrógrado a partir de 6 de dezembro no seu signo, e termina o ano retrógrado em Leão. Isto pode amplificar as suas frustrações e aborrecimentos, algo que facilmente o pode irritar e fazer explodir. Poderá ter pequenos acidentes como resultado disso.*

18 de novembro 19- *Chuva de meteoros Leão em Leão. As chuvas de meteoros representam momentos* de transição. É uma excelente oportunidade para mostrar ao mundo como quer ser visto. Poderá planear uma viagem ou reavivar amizades do passado. Esta chuva de meteoros representa um momento de fé e confiança.

Horóscopo mensal para Leão 2024

janeiro de 2024

Leão, este mês pode encontrar o amor enquanto está de férias. Se não for esse o caso, poderá encontrar a sua cara-metade na escola ou no trabalho.

O seu carisma fará com que tenha encontros invejáveis e o erotismo tomará conta da sua vida. Infelizmente, quando tudo parece estar bem, o fantasma do ciúme aproxima-se silenciosamente e aflige-o com os medos mais irrealistas.

Os leoninos mais equânimes descartarão as suas dúvidas. Não haverá nada de novo no trabalho, tudo seguirá o seu ritmo e não haverá mudanças específicas.

Depois do dia 23, deve ser muito paciente e cuidadoso na forma como comunica. É importante que não faça promessas que não possa cumprir. Tente expressar *corretamente as suas emoções, mesmo que não esteja satisfeito.*

No trabalho, terá um excelente desempenho e produtividade, no entanto, é aconselhável concentrar-se na conclusão das tarefas que tem em mãos,

O sucesso estará presente na sua vida, mas não deve sobrestimar o seu impacto e envolver-se em grandes investimentos ou compras. Se isso acontecer, arrisca-se a perder liquidez financeira.

Leão deve confiar na sua intuição quando procura fontes de rendimento.

janeiro é uma boa altura para conceber um filho.

Números da sorte
6 - 10 - 12 - 14 - 31

fevereiro de 2024

Neste mês do amor, estará entusiasmado e quererá fazer mais do que uma coisa de cada vez. Não tome nenhuma decisão sem pensar, se agir por impulso tudo correrá mal. Estará envolvido em situações turbulentas.

Aqueles que têm um parceiro viverão dias satisfatórios na área sexual. O erotismo caracterizará todos os encontros para os solteiros, pelo que é aconselhável evitar situações ambivalentes.

Tenha cuidado com a sua família quando viaja, especialmente quando está a chover, pois existe o risco de acidentes.

Podem ocorrer algumas avarias nos eletrodomésticos de sua casa.

Tenha muito cuidado ao comunicar. Deve usar o tom correto mesmo em mensagens de texto e e-mails, mas se esta for a única via disponível, use-a em seu benefício. Deve tentar manter o máximo de bom humor possível nas suas comunicações.

Números da sorte
2 - 24 - 28 - 29 - 31

março de 2024

Este mês vai viver emoções lineares, sentindo-se confuso na cabeça, nervoso no coração e com sentimentos exagerados.

Precisará de muita prudência no amor e paciência com os seus colegas de trabalho para ultrapassar este período difícil.

Se tem muitos projetos e ideias em preparação, deve lembrar-se que tudo leva tempo a concretizar-se. Em vez de se apressar, deve aproveitar a oportunidade para aperfeiçoar os seus projetos.

No domínio das finanças, não estará imune a despesas desnecessárias que sabotarão o seu orçamento. Tente ser prudente.

Apesar dos conflitos com os seus colegas e superiores, conseguirá atingir os seus objetivos e obter importantes melhorias materiais. Os trabalhadores independentes serão apoiados pelo destino para terem êxito em tudo o que empreenderem e poderão aumentar o seu poder de compra.

No final do mês, deixe que a vida o surpreenda e desfrute dos prazeres que ela lhe oferece, lembre-se de que não é só o trabalho que é importante, deve divertir-se e passar tempo com os seus amigos.

Números da sorte
3 - 6 - 11 - 19 – 21

abril de 2024

Este mês o amor vai ser muito bom, se está a começar a conhecer alguém provavelmente vai sentir-se muito ligado, só tem de ser paciente.

A família ficará em segundo plano este mês, mas não se sentirá culpado como noutras alturas.

Não deixes de conhecer essa pessoa que vai aparecer de repente na tua vida, mesmo que sintas medo, é importante que não confundas esse sentimento de incerteza com medo. O que tem são dúvidas, relacionadas com más experiências que teve no passado. Tem de dar uma oportunidade ao amor.

Vigie cuidadosamente a sua saúde. O ritmo frenético da vida pode forçá-lo a ignorar certas doenças recorrentes, o que pode ter consequências infelizes. É necessário encontrar um equilíbrio racional entre trabalho e descanso. Deve dedicar-se a um passatempo, comprar coisas há muito desejadas, encontrar-se com amigos ou passar tempo com a família.

No final do mês, terá de tomar decisões importantes sobre o seu futuro profissional. Se não tiver um emprego, terá de analisar algumas opções que não parecem favoráveis durante este período.

Números da sorte

9 - 10 - 16 - 20 - 31

maio de 2024

Uma pessoa que conhece muito bem está a sentir algo por si. Esta mudança de atitude é um sinal de que ela está interessada em si.

Há muitas coisas a acontecer em sua casa de que pode não ter conhecimento.

Uma viagem de negócios pode estar à sua espera no final do mês.

Não se deve investir em bens imobiliários ou comprar automóveis, pois essas aquisições podem causar problemas. As despesas serão maiores do que as inicialmente previstas.

Os leões solteiros estarão à procura de um parceiro. Lembrem-se que uma primeira impressão e temas de conversa interessantes são importantes. É melhor agir com calma para não estragar uma relação bem-sucedida.

Trabalha com muitas pessoas e, por vezes, algumas delas são insuportáveis. Não deixe que isso o afeta; comece a aceitar os erros dos outros, tal como eles aceitam os seus. Vai ter um confronto com alguém no trabalho, não deixe que a relação se desfaça.

Números da sorte
7 - 8 - 16 - 22 - 31

junho de 2024

Este mês não deixe que os erros do passado o impeçam de amar de novo, tem de dar esse grande passo com a pessoa que está a conhecer. Não deixe que outras pessoas se envolvam na sua relação.

Começará este mês a lutar contra o seu mau humor e sentir-se-á muito pressionado e confuso. Em vez de andar a correr de um lado para o outro, deve fazer uma pausa. Use este tempo para pensar no que quer fazer. Na área financeira, terá alguns altos e baixos que serão difíceis de gerir, a menos que seja organizado com as suas despesas.

Precisa de mudar a forma como faz o seu trabalho, tem dificuldade em fazer certas coisas, especialmente no que diz respeito à tecnologia.

No entanto, no final do mês, estará muito entusiasmado e será excelente em tudo o que fizer. Isto pode fazer com que as pessoas invejem o seu sucesso.

Este mês terá problemas relacionados com o sistema digestivo, por isso concentre-se numa dieta saudável e equilibrada e tente descansar bastante. Tente encontrar a paz e a sua própria harmonia.

Números da sorte
5 - 9 - 13 - 20 - 26

julho de 2024

Este não é um bom mês para o início de um romance e, para quem já tem uma relação, a situação será crítica. Se já namora com alguém há algum tempo e essa pessoa tem tudo o que precisa para ser feliz, não tenha medo de assumir um compromisso sério.

Deve rever a sua alimentação. Caminhar ao ar livre e fazer exercício físico com frequência. Deve perder o medo de acabar com as relações tóxicas, pois tem de assumir o controlo da sua vida. Chegou o momento de começar a abandonar os maus hábitos.

As restrições que está a colocar na sua vida e na vida dos seus familiares, deve deixá-las de lado. Não tem de estar sempre a influenciar a vida das outras pessoas. Se alguém está a fazer algo que não está certo, aconselhe-o, mas não decida por ele.

Antes de tomar decisões de investimento importantes, deve falar com os seus entes queridos. A sua família ajudá-lo-á a alcançar o sucesso. Ouça as suas ideias. Um planeamento financeiro adequado combinado com despesas racionais resultará na estabilidade financeira de que necessita.

Números da sorte
18 - 20 - 25 - 28 - 32

agosto de 2024

Durante este mês, não se deve culpar os outros, mesmo que se trate do seu parceiro ou dos seus pais. Cada um deve ser responsável pelo seu próprio crescimento.

Deve ser claro sobre o que quer se quiser aproximar-se da pessoa por quem se sente atraído, porque essa pessoa é alguém que não joga jogos e quer ser um parceiro para a vida. É provável que seja a sua alma gémea.

Não se pode gerar mais dinheiro se não se investir. Tem estado demasiado confortável na sua zona de conforto, mas tem de dar um salto de fé.

No final do mês, alguns obstáculos vão sabotar os seus planos com atrasos e falta de comunicação. Existe a possibilidade de viajar para o estrangeiro, tanto por diversão como por negócios. Lembre-se de não perder a oportunidade de se renovar na sua área profissional, não pretenda ter sucesso com os mesmos conhecimentos que adquiriu nos seus estudos, é bom continuar a aprender. Deve frequentar cursos avançados, conhecer novas tecnologias e aprender a utilizá-las.

Números da sorte
9 - 13 - 21 - 22 - 27

setembro de 2024

Este mês há aspetos planetários que afetarão a sua profissão. Uma pessoa sem escrúpulos fará com que se atrase num projeto.

Se não tem um parceiro, deve pensar em sair com os amigos e socializar, porque o amor está literalmente no seu caminho. Lembre-se de que, embora haja caos por todo o lado, isso não tem de o afetar. Tente não deixar que os problemas dos outros sejam os seus problemas. Tente estar suficientemente perto para observar, mas suficientemente longe para manter as suas mãos limpas.

Este mês sentirá a necessidade de telefonar a alguém para pedir desculpa por um erro que cometeu; poderá ser um ex-parceiro.

Está a iniciar uma fase importante da sua vida, é altura de começar a pensar nos passos que tem de dar para alcançar tudo o que se propôs fazer.

As suas ações no final do mês trarão os resultados que desejou. As coisas voltarão à normalidade. Se, por acaso, um projeto se atrasar, não tente apressá-lo, mas aproveite para o estruturar um pouco mais, pois o atraso é um sinal de que precisa de tratar de pormenores que tem vindo a ignorar.

Números da sorte
5 - 6 - 26 - 31 - 33

outubro de 2024

Este mês vai encontrar-se em situações que lhe vão despertar emoções muito fortes, com as quais não vai conseguir lidar. Vai levar tudo a peito.

Do ponto de vista financeiro, é aconselhável não fazer demasiadas compras importantes. Tente manter as suas despesas sob controlo.

Poderá chegar a acordos vantajosos com os seus superiores, embora os resultados só sejam visíveis com o tempo. Deve ter muito cuidado com as suas reações.

Deve começar a cuidar mais da sua saúde, é provável que tenha um problema de saúde, não desanime se um resultado médico não for o esperado, poderá dar a volta a esta situação mais tarde.

Será confrontado com alguém que tem muita influência no seu trabalho, não pode deixar que essa pessoa o ultrapasse, se deixar, será sempre assim.

Alguns conflitos familiares tornarão a sua vida amarga no final do mês. É aconselhável que deixe os problemas de lado e não permita que a diferença que teve aumente.

Números da sorte
4 - 5 - 18 - 20 - 32

novembro de 2024

Este mês vai deixar de lado muitas coisas de que gosta e dar prioridade ao trabalho para ganhar mais dinheiro. Não deixe de fazer exercício físico, pois traz grandes benefícios à sua saúde e ao seu humor. Deve também deixar espaço para a diversão, nem sempre tudo deve ser trabalho, deve começar a divertir-se mais.

Terá muito pouca paciência com as pessoas com quem trabalha, o que lhe causará desconforto ao ponto de querer deixar o seu emprego e procurar outras opções. Os atritos são normais, sobretudo quando se partilha com as mesmas pessoas todos os dias. Não deve abandonar o local onde se encontra porque é provável que não encontre algo com as mesmas condições.

Não é uma boa ideia queixar-se de tudo ao seu parceiro. O amor é um investimento. O dinheiro, o tempo e o esforço que investimos são transformados no bem-estar da pessoa que amamos.

Pode querer associar-se a alguém que não conhece para iniciar um negócio. É necessário formular as suas estratégias de forma sensata.

Números da sorte
3 - 25 - 28 - 34 - 36

dezembro de 2024

Os aspetos planetários deste mês podem arruinar os seus esforços. As possibilidades de se confundir com as suas ideias serão muitas, por isso não tome decisões nem abra a boca sem pensar.

A sua forma de ganhar dinheiro vai mudar. Tem a oportunidade de realizar uma grande conquista no seu trabalho.

Tem de ser mais tolerante com o seu parceiro, não pode estar sempre a pensar que os erros que ele comete são motivo para acabar com a relação.

Infelizmente, as consequências de decisões tomadas há meses vão afetá-lo. Deve pôr de lado as suas ambições e concentrar a sua atenção nos assuntos familiares. Se está a planear mudanças na sua área profissional, é melhor esperar pelo próximo ano.

Se deseja um relacionamento, o amor está à sua espera, há uma oportunidade para um romance apaixonado no horizonte.

No final do mês, com as férias, poderá sofrer de problemas de estômago, que não devem ser subestimados. As pessoas com excesso de peso devem começar a planear a perda de peso em janeiro. No final do ano, as coisas descontrolam-se ou abrandam.

Números da sorte

5 - 11 - 16 - 34 - 36

As cartas de Tarô, um mundo enigmático e psicológico.

A palavra Tarot significa "estrada real", é uma prática milenar, não se sabe exatamente quem inventou os jogos de cartas em geral, nem o Tarot em particular; existem as hipóteses mais díspares neste sentido.

Há quem diga que teve origem na Atlântida ou no Egipto, mas outros acreditam que os tarots vieram da China ou da Índia, da antiga terra dos ciganos, ou que chegaram à Europa através dos cátaros. O facto é que as cartas de tarot transpiram simbolismo astrológico, alquímico, esotérico e religioso, tanto cristão como pagão.

Até há pouco tempo, se mencionássemos a palavra "tarot" a algumas pessoas, era comum imaginarem uma cigana sentada em frente a uma bola de cristal numa sala rodeada de misticismo, ou pensarem em magia negra ou bruxaria, mas atualmente isso mudou.

Esta técnica antiga foi adaptada aos novos tempos, foi associada à tecnologia e muitos jovens têm um profundo interesse por ela.

Os jovens isolaram-se da religião porque acreditam que não encontrarão aí a solução para o que precisam, aperceberam-se da dualidade da religião, algo que não acontece com a espiritualidade. Em todas as redes sociais, encontram-se contas dedicadas ao estudo e às leituras do tarot, uma vez que tudo o que está relacionado com o esoterismo está na moda, de facto, algumas decisões hierárquicas são tomadas tendo em conta o tarot ou a astrologia.

O que é notável é que as previsões que normalmente estão relacionadas com o tarot não são as mais procuradas, as relacionadas com o autoconhecimento e o aconselhamento espiritual são as mais solicitadas.

O tarot é um oráculo, através dos seus desenhos e cores, estimulamos a nossa esfera psíquica, a parte mais íntima que vai para além do natural. Muitas pessoas recorrem ao tarot como guia espiritual ou psicológico, pois vivemos em tempos de incerteza e isso leva-nos a procurar respostas na espiritualidade.

É uma ferramenta tão poderosa que lhe diz concretamente o que se passa no seu subconsciente para que o possa perceber através da lente de uma nova sabedoria.

Carl Gustav Jung, o famoso psicólogo, utilizou os símbolos das cartas de tarot nos seus estudos psicológicos. Criou a teoria dos arquétipos, onde descobriu uma extensa soma de imagens que ajudam na psicologia analítica.

A utilização de desenhos e símbolos para apelar a uma compreensão mais profunda é frequentemente utilizada em psicanálise. Estas alegorias fazem parte de nós, correspondendo a símbolos do nosso subconsciente e da nossa mente.

O nosso inconsciente tem zonas obscuras e, quando utilizamos técnicas visuais, podemos chegar a diferentes partes do mesmo e revelar elementos da nossa personalidade que desconhecemos. Quando se consegue descodificar estas mensagens através da linguagem pictórica do tarot, é possível escolher as decisões a tomar na vida de forma a criar o destino que realmente se deseja.

O Tarot com os seus símbolos ensina-nos que existe um universo diferente, especialmente nos dias de hoje onde tudo é tão caótico e se procura uma explicação lógica para tudo.

O Mundo, carta de Tarô para Leão 2024

Símbolo do sucesso, da vitória e de uma vida confortável. Significa a realização dos seus projetos. É o fim e o início de algo melhor, um novo ciclo na sua vida.

Os seus esforços darão finalmente frutos e indicam que chegou ao fim de uma viagem ou que completou um período importante da sua vida.

Sofreram dificuldades e desafios ao longo do caminho, mas estes só vos tornaram mais fortes e mais sábios. Mais experiente do que quando começou a sua viagem.

Esta carta de Tarot é um indicador de uma mudança importante e inexorável, de amplitude tectónica. Esta mudança representa uma oportunidade para acabar com o antigo e começar bem o novo.

Indica maturidade, um sentido de equilíbrio interior e uma compreensão mais profunda.

Sugere que pode estar a aproximar-se de uma compreensão mais madura da sua identidade e da autoconfiança que vem com a idade.

Representa também a quebra de barreiras, por vezes num sentido espiritual, mas por vezes num sentido puramente físico, indicando um futuro de viagens.

Runas do Ano 2024

As runas são um conjunto de símbolos que formam um alfabeto. "Runa" significa segredo e simboliza o som de uma pedra a colidir com outra. As runas são um antigo método visionário e mágico.

As runas não são utilizadas para fazer previsões exatas, mas servem para o orientar sobre um acontecimento futuro, um assunto ou uma decisão.

As runas têm um significado específico para a pessoa que as deseja, mas também alguma mensagem relacionada com as adversidades que surgem na vida.

Othila, Runa de Leão 2024

Na antiguidade, os vikings atribuíam extrema importância à runa Othila, uma vez que simbolizava o bem-estar da família e o lar.

Othila é uma runa benéfica para adquirir propriedades e investir em bens materiais. Prevê o sucesso em tudo o que começar, o desenvolvimento pessoal e a realização de objetivos. Prevê que receberá a recompensa pela sua coragem e que surgirão oportunidades de progresso.

Esta runa indica que deve procurar o conselho de profissionais para poder enfrentar os desafios que se lhe deparam.

Não é fácil separar-se daqueles que lhe são queridos, mas é absolutamente necessário para atingir os seus objetivos, o que também prejudicará a sua esfera familiar, social e profissional. Aceite o desafio e concentre-se no caminho que está a iniciar.

Não se deve ter uma vida tridimensional, pois isso consome-nos. É preciso ser adaptável e hábil para mudar de rumo. Não se pode fugir sempre, é altura de dar o salto, de ir mais longe e de se pôr de pé.

Em matéria de saúde, aconselha-o a fazer uma pausa e a descansar. Tem estado demasiado ocupado com demasiadas coisas ao mesmo tempo ou simplesmente demasiado ativo, e é por isso que ele lhe recomenda que pare.

Tire umas férias bem merecidas e recarregue as suas energias, para poder regressar com a melhor disposição e continuar os seus projetos ou começar coisas novas.

Cores da sorte

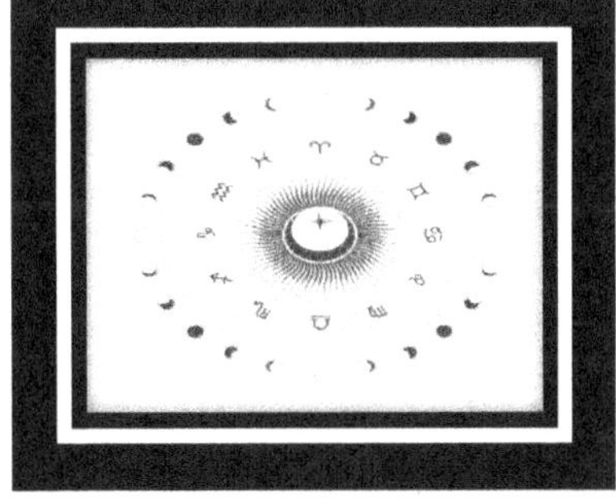

As cores afetam-nos psicologicamente; influenciam a nossa apreciação das coisas, a nossa opinião sobre algo ou alguém e podem ser utilizadas para influenciar as nossas decisões.

As tradições para dar as boas-vindas ao novo ano variam de país para país e, na noite de 31 de dezembro, fazemos um balanço de todas as coisas positivas e negativas que vivemos no ano que está a terminar. Começamos a pensar no que fazer para transformar a nossa sorte no novo ano que se aproxima.

Há várias formas de atrair energias positivas para nós ao darmos as boas-vindas ao Ano Novo, e uma delas é usar ou usar acessórios com uma cor específica que atraia o que desejamos para o ano que se aproxima.

As cores têm cargas energéticas que influenciam a nossa vida, pelo que é sempre aconselhável receber o ano vestido com uma cor que atraia as energias daquilo que desejamos alcançar.

Para isso existem cores que vibram positivamente com cada signo do zodíaco, por isso a recomendação é que use a roupa com a tonalidade que atrairá prosperidade, saúde e amor em 2024. (Estas cores também podem ser usadas durante o resto do ano para ocasiões importantes, ou para melhorar o seu dia).

Lembre-se que, embora seja mais comum usar roupa interior vermelha para a paixão, cor-de-rosa para o amor e amarelo ou dourado para a abundância, nunca é demais associar ao nosso *vestuário a cor que mais beneficia o nosso signo do zodíaco.*

Cor da sorte para Leão

Leão

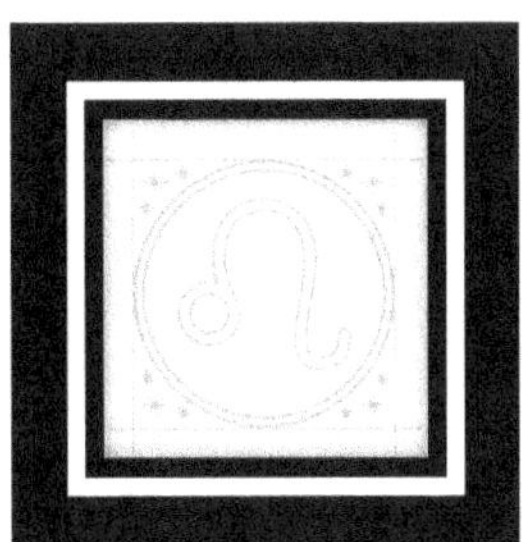

Rosa

As palavras-chave da cor-de-rosa são: *inocência, amor, dedicação total e ajuda aos outros.*

O cor-de-rosa é uma cor emocionalmente relaxante e influencia os sentimentos, tornando-os suaves, macios e profundos.

Faz-nos sentir afeto, amor e proteção. Também nos afasta da solidão e torna-nos pessoas sensíveis.

Tal como o vermelho reflete mais o lado sexual, o cor-de-rosa está associado ao amor altruísta e verdadeiro.

O rosa é a cor do amor universal, do amor por si próprio e pelos outros, da amizade, do afeto, da harmonia, da paz interior.

Utilize o cor-de-rosa quando quiser encorajar uma relação, seja ela de amizade ou romântica.

Amuletos da sorte

Quem não tem um anel da sorte, uma corrente que nunca se solta ou um objeto que não trocaria por nada deste mundo? Todos nós atribuímos um poder especial a certos objetos que nos pertencem e este carácter especial que eles assumem para nós torna-os objetos mágicos.

Para que um talismã atua e influencie as circunstâncias, o seu portador deve ter fé nele e isso transformá-lo-á num objeto prodigioso, capaz de fazer tudo o que lhe for pedido.

Normalmente, um amuleto é qualquer objeto que conduza ao bem como medida preventiva contra o mal, o dano, a doença e a feitiçaria.

Os amuletos de boa sorte podem ajudá-lo a ter um ano 2024 abençoado em casa, no trabalho, com a sua família, atrair dinheiro e saúde. Para que os amuletos funcionem corretamente, não os deve emprestar a ninguém e deve tê-los sempre à mão.

Os amuletos existiram em todas as culturas e são feitos de elementos da natureza que servem como catalisadores de energias que ajudam a criar os desejos humanos.

Ao amuleto é atribuído o poder de afastar os males, feitiços, doenças, catástrofes ou de contrariar os maus desejos lançados através dos olhos dos outros.

Amuleto para Leão

Unicórnio.

O unicórnio simboliza a esperança de cura e a força que todos procuramos. O unicórnio pode ser utilizado para amplificar os seus dons psíquicos.

O unicórnio representa a pureza, o amor incondicional e a magia. Esta criatura mitológica tem sido venerada pela sua força divina e por ser uma fonte de energia que nos permite conectar com o reino espiritual. A presença do unicórnio na sua vida recordar-lhe-á que a magia e o amor estão sempre presentes e que você é forte. É um animal que atrai a boa sorte e a justiça. Símbolo de pureza, protege-o e protege-o de todo o mal.

Quartzo da sorte

Todos nos sentimos atraídos pelos diamantes, rubis, esmeraldas e safiras, obviamente pedras preciosas. As pedras semipreciosas, como a cornalina, o olho de tigre, o quartzo branco e o lápis-lazúli, são também muito apreciados, pois são utilizadas como ornamentos e símbolos de poder há milhares de anos.

O que muitos não sabem é que eram valorizados por mais do que a sua beleza: cada um tinha um significado sagrado e as suas propriedades curativas eram tão importantes como o seu valor ornamental.

Os cristais continuam a ter as mesmas propriedades atualmente, a maioria das pessoas está familiarizada com os mais populares como a ametista, a malaquite e a obsidiana, mas novos cristais como o lari mar, a petalite e a fenacita tornaram-se conhecidos.

Um cristal é um corpo sólido com uma forma geometricamente regular, os cristais formaram-se quando a Terra foi criada e continuaram a metamorfosear-se à medida que o planeta foi mudando, os cristais são o ADN da Terra, são armazéns em miniatura que contêm o desenvolvimento do nosso planeta ao longo de milhões de anos.

Algumas foram dobradas sob pressões extraordinárias, outras cresceram em câmaras enterradas no subsolo, outras foram criadas por gotejamento. Seja qual for a sua forma, a sua estrutura cristalina pode absorver, conservar, concentrar e emitir energia.

No coração do cristal está o átomo, os seus eletrões e protões. O átomo é dinâmico e é constituído por uma série de partículas que giram em torno do centro em constante movimento, pelo que, embora o cristal possa parecer imóvel, é na realidade uma massa molecular viva que vibra a uma determinada frequência e é isso que dá ao cristal a sua energia.

As pedras preciosas eram uma prerrogativa real e sacerdotal, os sacerdotes do judaísmo usavam uma placa peitoral cheia de pedras preciosas que era muito mais do que um emblema para designar a sua função, pois transferia poder para quem a usava.

As pedras são usadas pelos seres humanos desde a idade da pedra, pois tinham uma função protetora, afastando vários males dos seus portadores. Atualmente, os cristais têm o mesmo poder e podemos selecionar as nossas joias não só com base na sua atração externa, mas também porque tê-las perto de nós pode aumentar a nossa energia (cornalina laranja), limpar o espaço à nossa volta (âmbar) ou atrair riqueza (citrino).

Certos cristais, como o quartzo fumado e a turmalina negra, têm a capacidade de absorver a negatividade, emitindo uma energia pura e limpa.

Usar uma turmalina negra à volta do pescoço protege das emanações eletromagnéticas, incluindo as dos telemóveis. Um citrino não só atrai riqueza, como também o ajuda a mantê-la. Coloque-o na parte mais rica da sua casa (a parte de trás do lado esquerdo, mais afastada da porta da frente).

Se está à procura de amor, os cristais podem ajudá-lo. Coloque um quartzo rosa no canto de relacionamentos da sua casa (o canto traseiro direito mais afastado da porta da frente) o seu efeito é tão poderoso que pode querer adicionar uma ametista para compensar a atração.

Pode também utilizar a rodocrosite, o amor virá ao seu encontro.

Os cristais podem curar e dar equilíbrio, alguns cristais contêm minerais conhecidos pelas suas propriedades terapêuticas, a malaquite tem uma elevada concentração de cobre, usar uma pulseira de malaquite permite ao corpo absorver quantidades mínimas de cobre.

O lápis-lazúli alivia a enxaqueca, mas se a dor de cabeça for causada pelo stress, a ametista, o âmbar ou a turquesa colocada acima das sobrancelhas aliviam-na.

O quartzo e os minerais são joias da mãe terra, dê a si próprio a oportunidade e ligue-se à magia que eles emanam.

Quartzo da sorte para Leão 2024

Cornalina

Quartzo positivo para aqueles que têm dificuldade em concentrar-se, que são mentalmente alienados ou complicados na vida. Dá coragem e proteção. É adequado para pessoas melancólicas.

É utilizado como talismã nas casas e nas empresas como defesa contra o mau-olhado e a inveja. Está ligada à energia da autoridade e da paixão.

É recomendado para o sucesso profissional, para tranquilizar as dúvidas e para dar clareza mental quando se tem de tomar uma decisão profissional.

Para aqueles que têm dificuldade em falar em público, a cornalina ajuda-os a ter coragem para enfrentar este obstáculo. É sugerida para quem tem problemas nervosos, pois a projeção energética do quartzo ajuda a adormecer e a acalmar, favorecendo assim o descanso físico e mental.

Leão e a vocação

Leão tem um excelente sentido de integridade. É fiel e tem muitos valores pessoais. Tenta sempre tomar decisões de acordo com o que acredita ser correto, sem prejudicar as necessidades ou os interesses dos outros.

Tem um coração nobre e valoriza a lealdade acima de tudo. Não suporta a traição, o comportamento sorrateiro ou a falta de valores. Isto torna-os muito simpáticos e a sua atitude positiva e trabalho árduo empurram-nos para diferentes vocações e para se destacarem em tudo o que fazem.

Melhores profissões

A sua capacidade de assumir papéis de liderança torna-os bons chefes, o que os coloca sempre na ribalta ou em posições de poder. São muito sociáveis e bem-humorados. Cargos de autoridade, representação, política, desportos de alto risco e presidentes.

Compatibilidade de Leão e os signos do Zodíaco

Simbolizado pelo leão, este signo não o deixará esquecer-se dele. Embora o seu carácter seja alegre, tem também uma dureza feroz que acompanha o seu uivo. Tudo o que Leão faz é trágico e quando se zanga, é melhor não se meter no seu caminho. É um signo fixo, muito firme nas suas ideias, constante nos seus objetivos e obstinado na sua maneira de agir.

Leão é um cúmplice diligente que põe o seu coração em cada relação. Claro que também pode ser incrivelmente intransigente, mas a teimosia é sempre um vislumbre da sua honestidade.
 Leão é inspirado pelo drama, mas também é profundamente sensível. Leão é, sem dúvida, o mais emocional de todos os signos de fogo e magoa facilmente, pelo que o seu parceiro terá de saber como cuidar deste espécime terno.

A lealdade é muito importante para Leão, por isso, quando entrar no seu domínio, ele pedir-lhe-á amor absoluto. Quando este signo se sente magoado, é melhor não lhe dar conselhos, Leão procura alívio, não lembretes, e por isso sentir-se-á traído pelo seu parceiro se começar a dar a sua opinião sobre qualquer situação.

Leão vai levá-lo ao limite porque adora ser desafiado, sabe desde a infância que é a realeza zodiacal e mesmo o leão mais prudente terá uma postura régia.

Este signo não se cansa de receber aplausos. Jantares opulentos, festas exclusivas e roupas de marca fazem-no sentir-se amado. Quando o procurar, tenha em conta que não é fácil seguir o seu ritmo. Por vezes, pode ser difícil namorar com um signo tão rigoroso. Mas no final vale a pena.

Uma vez reservado o seu lugar no coração do leonino, não vai querer de certeza abdicar do trono. Leão não se importa se o seu parceiro tem um ego, pelo contrário, o leão quer que o seu parceiro seja vaidoso e muito autoconfiante. Leão não está à procura de um egocêntrico, mas esta criatura destemida deve certificar-se de que o seu parceiro sabe usar a coroa com dignidade.

Leão valoriza o conceito de um parceiro como uma extensão de si próprio. Como este signo de fogo é conhecido pelo seu destemor em tudo, desde as suas aventuras criativas até aos seus romances ao estilo de Hollywood, é importante que se combine com alguém que saiba exatamente o que procura.

Quando se trata de sexualidade, o fogoso Leão também pode brilhar na cama. A maior excitação sexual do leonino é sentir-se desejado. São enfeitiçados pela sedução e o afeto deve ser demonstrado através de encontros ostensivos e expressões românticas grandiosas. Este signo uiva com a ideia de ser cobiçado, especialmente quando esse desejo ardente se traduz em amor apaixonado. Este leão ardente está sempre a apaixonar-se, gosta que os seus romances sejam tão grandes como a sua personalidade, e nada o faz uivar mais alto do que uma adoração descarada. Ele precisa de ser o centro das atenções e, por isso, pode ser seduzido por romances perigosos.

O Leão não resiste facilmente aos elogios, por isso gravita em torno dos elogios. Se o drama termina prematuramente e Leão é abandonado, a história é diferente. No início, a sua reação é normalmente de choque e, após esta fase, experimenta uma ansiedade devastadora ao mostrar o seu sofrimento.

Mesmo que as coisas se tornem sérias, o leão é uma criatura invulnerável que encontrará o seu caminho de volta à luz, porque Leão é alegre e destemido, recusando-se a aceitar o fracasso. Leão está sempre à procura de um parceiro que estimule o seu espírito porque, afinal, detesta o tédio.

Leão e Áries, *é uma relação de puro fogo onde não é fácil conter as chamas. Estes signos alimentam-se mutuamente, criando uma parceria entusiástica baseada no desejo e na ousadia. Áries compreende de bom grado o carisma dominador de Leão. Áries, que também precisa de muito afeto, é confortado pela nobreza e pelo calor do seu companheiro leão.*

Embora ambos os signos sejam autoconfiantes, a sua generosidade manifesta-se de forma muito desigual. Leão carrega sempre o seu coração na mão, enquanto Áries tem como principal preocupação sair triunfante. Embora estes signos possam dar o seu melhor numa relação, também precisam de manter os seus egos sob controlo. Caso contrário, a relação entre Leão e Áries pode acabar por desaparecer.

Leão e Touro *são indivíduos leais e obedientes, mas o seu pedantismo e teimosia podem por vezes conduzir a grandes oposições. Touro não gosta da magnificência de Leão, e o leão dá por si a resmungar contra a obstinação do touro.*

Como casal, Leão e Touro devem verificar se as suas motivações não são excessivamente materialistas, mas adotar uma atitude mais desprendida que apoie uma parceria igualitária. Afinal de contas, Leão e Touro têm muito em comum, ambos gostam das coisas boas da vida. Por isso, se os dois se concentrarem nas suas semelhanças, em vez de nas suas diferenças, desfrutarão de uma relação divertida.

Leão e Gémeos *é uma relação inicialmente sexy e ousada. Leão precisa de se sentir como um rei e, de alguma forma, Gémeos tem sempre ligações aos lugares mais importantes da cidade. No entanto, no final do dia, Leão quer ser caloroso com um parceiro* leal. Infelizmente, Gémeos pode não ser capaz de exercer esse papel, pois deseja continuar a festejar. Nesta relação, ambos têm de aprender a adaptar-se às necessidades um do outro. Leão deve contar com a perpétua cordialidade de Gémeos e Gémeos deve reverenciar a fidelidade emocional de Leão. Quando estes dois signos estão em sintonia, este casal é eficiente, brincalhão e muito divertido.

Leão e Câncer não é uma relação confortável. Leão sente-se esmagado pelo mau humor de Câncer e Câncer irrita-se com o excesso de dramatismo de Leão. Se estes dois estão determinados a fazer com que a sua relação funcione, terão de se unir em torno dos valores que partilham, como a lealdade, a família e a honestidade. É provável que Leão e Cancro se elevem mutuamente, ajudando-se a atingir o seu potencial máximo através da amizade. Para que não haja conflitos, este casal deve chegar a um acordo e respeitar as condições.

Leão e Leão são o casal mais majestoso do zodíaco. Leão adora celebrar a sua luminosidade, por isso, quando dois leões se juntam, passam a maior parte da sua relação a falar do seu amor. Esta combinação é precipitada e está destinada a ser cheia de sorrisos, nobreza e muita idolatria. Mas nenhum reinado é perfeito, e como Leão tem um ego bastante exagerado, é de esperar que haja oposição. Quer estejam a lutar *pela ribalta, pelo telefone ou pelos elogios, a sua necessidade mútua de elogios pode pressionar a relação. No entanto, o leão consegue acalmar-se, por isso, para que esta relação funcione, cada um deve acariciar frequentemente o cabelo do outro e reservar tempo para a paixão.*

Leão e Virgem *- Apesar de serem, em princípio, um par improvável, o fogoso Leão e o idealista Virgem podem retirar qualidades positivas um do outro. Cada signo deve estar ciente de que esta relação exigirá uma grande dose de compreensão, tolerância e, talvez o mais importante, integridade e lealdade. No início, Virgem admira a excentricidade e a subtileza social de Leão. Leão entrega-se a essa idolatria, até que o brilho começa a dissipar-se. Virgem tem o hábito de idealizar, mas como nada é absolutamente perfeito, este signo de terra pode rapidamente ficar desiludido. Para que este par funcione, é importante que cada signo se certifique de que a relação é estabelecida pela razão certa, certificando-se de que a relação não é orientada pelo ego.*

Leão e Libra *é uma relação eficiente, quando juntos, o generoso Leão e o requintado Libra trazem os seus melhores atributos para a relação. Juntos, são extremamente sociáveis e incomparavelmente divertidos, atributos que são estabilizados pelo dom de Libra. No entanto, como Libra gosta de manter a* *paz, eles tendem a ser bastante hesitantes. Leão exige uma lealdade corajosa, pelo que a preocupação de Libra pode ser frustrante. Libra pode sentir-se um pouco sufocado pela possessividade de Leão. No entanto, se conseguirem conciliar as suas diferenças, Leão e Libra sentir-se-ão muito bem.*

***Leão e Escorpião**, embora a energia do fogo possa por vezes sentir-se limitada pela água, esta relação é uma combinação poderosa. Ambos são signos fixos, têm crenças fortes e opiniões firmes. Como resultado, existe uma tensão óbvia entre estes dois signos, o que pode levar a algumas discussões e, talvez o mais importante, a sexo de primeira classe. Leão é especialmente seduzido pela natureza misteriosa de Escorpião, enquanto Escorpião é estimulado por Leão. No entanto, estes dois têm de dar tempo a si próprios para estabelecerem intimidade. Uma vez que Leão e Escorpião têm formas tão diferentes de deslizar pelo mundo, cada um precisa de aprender a perceber as nuances do outro. Uma vez estabelecida a confiança, nem Leão nem Escorpião quererão separar-se.*

***Leão e Sagitário** é uma relação eficaz. Leão tem uma chama ardente, mas contida, precisando apenas de uma audiência. Sagitário, por outro lado, não conhece limites. Consequentemente, Leão tende a inclinar-se para este signo admirador. Sagitário também aprecia* *o brilho de Leão, embora nesta relação procure sempre a sua liberdade. Um casal Leão-Sagitário pode passar horas a conversar, a rir e a enfeitiçar-se mutuamente com histórias dinâmicas e brincadeiras espirituosas.*

Leão e Capricórnio *são criaturas diferentes, a seriedade de Capricórnio centra-se nos benefícios a longo prazo, enquanto Leão é movido pela fama e fortuna. No entanto, magicamente, Leão e Capricórnio formam um excelente par romântico. Ambos os signos são muito insaciáveis, por isso, apesar de as suas técnicas serem diferentes, reverenciam-se mutuamente, e quaisquer discussões que surjam serão circunstanciais.*
Quando trabalham juntos, Leão e Capricórnio podem alcançar a grandeza. Capricórnio ensina a Leão a capacidade de abstração, e Leão ensina a Capricórnio a arte de se divertir. Se investirem totalmente na sua relação, colherão grandes recompensas.

Leão e Aquário, *sendo signos opostos, formam um par interessante. Enquanto Leão simboliza o governante, Aquário representa a humanidade. Quando associados, podem criar um sistema de pesos e contrapesos um para o outro, orientado pela justiça e pelo pensamento progressista. Esta relação existe* *num reino belo e abundante, mas ocasionalmente Aquário vê Leão como egoísta.*

Nesta relação, ambos devem esforçar-se por compreender a perspetiva do outro. Para o fazer com sucesso, Leão deve refrear o seu ego e Aquário deve elevar a sua compaixão. Esta relação tem um potencial incrível, pelo que um compromisso saudável será certamente recompensado.

Leão e Peixes, é *uma excelente relação. Leão é mais feliz quando pode emitir livremente a sua luz radiante e tropical. Peixes está interligado com o mar e, tal como o oceano reflete a luz do Sol ao longe, Peixes fica feliz por acolher, e até por realçar, a luminosidade vibrante de Leão. Embora esta relação possa ser eficaz e sedutora, é importante que o majestoso leão não seja engolido pela extrema sensibilidade de Peixes.*

Para garantir uma relação feliz, os dois devem estar empenhados em abraçar as qualidades mais fortes um do outro, aplaudindo as suas diferenças com apreço e respeito genuíno.

Sinais para não fazer negócios com

Touro, Gémeos e Escorpião, as ligações entre estes signos são fracas em relação às diferenças.

Sinais a associar a

Capricórnio, Libra e Peixes. Estes signos têm um sentido prático e sabem como investir dinheiro. São responsáveis e sérios. Sabem como investir em negócios.

Rituais para o dinheiro

Feitiço para conseguir um emprego.

É necessário:

- 1 vela branca

- 1 vela combinada amarela e preta

- 1 saqueta de tecido vermelho

- 1 fita amarela

- 2 folhas de papel amarelo

- Geleia de abelha

- Ruda

- Carvão

- 1 quartzo citrino

- 1 perfume ou lavanda

- Agulha de costura nova

- Nova placa de vidro grande

Escreve o seu nome completo na vela branca, utilizando a agulha nova, que depois enterrará no pátio da sua casa. Acende a vela branca.

Em seguida, numa das folhas de papel amarelo, escreve o pedido de novo emprego, incluindo pormenores específicos, como o dinheiro que queres ganhar e o cargo que pretendes; espalha a geleia de abelha, dobra-a em quatro partes e coloca-a no novo prato.

Mentalize o seu pedido e repita-o durante todo o ritual. Junto ao prato, coloque o saco com a arruda que vai utilizar para o incenso, algumas gotas de perfume e o quartzo citrino.

De seguida, acende-se o carvão e junta-se-lhe a arruda. Começa-se o incenso pelo ponto mais afastado da porta de entrada, ou seja, de trás para a frente; depois deixa-se arder sozinho, perto do ritual.

No outro papel amarelo, escreve-se o nome completo da pessoa. Com este papel, embrulha-se a vela de duas cores, acende-se e coloca-se junto do prato, do saquinho que serve de talismã e do frasco de perfume (sempre aberto), repetindo três vezes: "Aqui e agora realizam-se todos os meus desejos para o meu progresso pessoal e o da minha família". Colocar o citrino no interior do saquinho e fechá-lo com a fita amarela. Quando a vela se apaga, o saquinho serve de amuleto.

Feitiço para conseguir um emprego melhor.

É necessário:

- 1 vela amarela e vermelha combinada.

- 1 vela vermelha

- 1 vela preta

- 7 velas amarelas

- 1 cartucho de papel

- Mel

- Carvão;

- Incenso de eucalipto

- 3 folhas de arruda

- 3 folhas de hortelã

- 1 frasco de perfume

- 1 tabuleiro metálico novo

- 1 agulha de costura nova

Escreve-se o nome completo na vela de duas cores com a agulha. Na vela preta, o nome da empresa.

Na vela verde, o emprego a que aspira e na vela vermelha, novamente o seu nome completo.

No papel de cartucho, deve especificar o emprego a que pretende candidatar-se ou a empresa em que trabalha.

Este papel deve ser barrado com mel, dobrado em quatro partes e colocado no tabuleiro.

Nas sete velas amarelas, escreve-se com a agulha o trabalho que se pretende.

Quando tiver tudo pronto, acenda o carvão e coloque sobre ele as folhas de arruda e de hortelã, com algumas gotas do perfume escolhido.

Deixe-a a arder enquanto acende a vela bicolor e a coloca ao lado da vela com o papel (a que untou com mel).

Acender todas as velas seguintes com a mesma chama: a vela preta do lado esquerdo do tabuleiro, a vela verde do lado direito e a vela vermelha no centro.

Os restos podem ser deitados no lixo.

Feitiço para ter sucesso em entrevistas de emprego.

Colocar três folhas de salva, manjericão, salsa e arruda num saco verde. Acrescentar um quartzo olho de tigre e uma malaquite. Feche o saco com uma fita dourada. Para o ativar, coloca-o na mão esquerda ao nível do coração e, alguns centímetros acima, coloca a mão direita, fecha os olhos e imagina uma energia branca a sair da mão direita em direção à mão esquerda, cobrindo o saquinho. Guarda-a na carteira ou no bolso.

Limpeza para obter clientes.

Esmagar dez avelãs sem casca e um ramo de salsa num almofariz e pilão. Ferva dois litros de água da Lua Cheia e adicione os ingredientes esmagados. Deixar ferver durante 10 minutos e depois coar. Com esta infusão, limpará o chão da sua empresa, desde a porta de entrada até ao fundo da mesma. Deve repetir esta limpeza todas as segundas e quintas-feiras durante um mês, se possível na altura do planeta Mercúrio.

Feitiço para criar um escudo económico para a sua empresa.

É necessário:

- 5 pétalas de flores amarelas

- Sementes de girassol

- Casca de limão seca ao sol

- Farinha de trigo

- 3 moedas de uso corrente

Triturar as flores amarelas e as sementes de girassol num almofariz e pilão, depois juntar a raspa de limão e a farinha de trigo.

Misture bem os ingredientes e guarde-os juntamente com as três moedas num frasco hermeticamente fechado.

Este preparado deve ser utilizado todas as manhãs antes de sair de casa. Deve-se colocar primeiro as pontas dos cinco dedos da mão esquerda e depois da mão direita no frasco, depois esfregar nas palmas das mãos.

Ritual para evitar perder o emprego.

É necessário:

- 1 prego grande enferrujado

- 1 chávena pequena de doce de goiaba

- 1 saco de plástico pequeno

- 1 saqueta de tecido amarelo

- 1 vela cor de laranja

- 1 vela violeta

- 3 folhas de louro

- 1 agulha e linha

Colocar a vela laranja e a violeta na borda de uma janela, entre elas colocar o copo de doce de goiaba. Acender as velas. Introduzir o prego no rebuçado de modo que não seja visível. Enquanto faz isto, repita na sua mente: "Eu sou uma pessoa que merece este trabalho, os guias espirituais protegem o meu trabalho, o meu dinheiro e as minhas energias". No dia seguinte, tira o cravinho e, sem o limpar, coloca-o dentro do saco de plástico e depois dentro do saco amarelo, juntamente com as três folhas de louro. Deve colocar este saco no local onde está a trabalhar.

Ritual para causar uma excelente impressão no primeiro dia de trabalho.

É necessário:

- 2 pregos de 5 cm (novos)

- 1 pedaço de fita roxa

- 1 pedaço de fita adesiva branca

- 1 vela roxa

- 1 vela branca

É mais eficaz se o fizer numa quarta-feira, na altura do planeta Mercúrio.

Escreve-se com um dos pregos o nome da empresa onde se vai trabalhar na vela roxa e deixa-se ao lado da vela roxa. De seguida, escreve o seu nome na vela branca com o outro prego. Pegue no prego com que escreveu na vela roxa e enterre-o no meio da vela, enquanto repete mentalmente "Quando este prego chegar ao coração da vela, a minha aura envolverá os meus chefes e colegas de trabalho" (aqueça primeiro o prego para facilitar esta operação). De seguida, coloque o outro prego na vela branca e repita mentalmente: "O meu anjo da guarda protege-me e guia-me para o sucesso". Acenda as velas e, quando estiverem gastas, pegue nos dois pregos e amarre-os com as fitas.

Deveria guardá-los no seu escritório.

Receita mágica para aumentar a fortuna

É necessário:

- 1 rosa de Jericó

- Água florida

- Verde lavanda

- Quartzo citrino

- Quartzo olho de tigre

- Água da Lua Cheia

Colocar as essências num recipiente de vidro com a água da Lua Cheia.

De seguida, coloca-se o quartzo e a rosa de Jericó. Este recipiente deve ser colocado como ornamento na sua empresa ou escritório.

Feitiço para a Abundância no seu Trabalho.

É necessário:

- 7 recipientes de barro

- Mel de abelha virgem

- Folhas de hortelã

Misture o mel e as folhas de hortelã, distribua o conteúdo nos potes de barro e distribua-os pela sua casa ou escritório de trabalho.

Este feitiço deve ser lançado no primeiro dia do mês, à hora do planeta Júpiter.

Para reforçar este ritual, quando estiver a distribuir os recipientes, repita em voz alta: "Eu adoço a minha vida, a minha casa e o meu escritório e invoco os quatro elementos para que me tragam sucesso e dinheiro, aqui e agora, em perfeita harmonia e para o bem de todos".

Melhores países e cidades para viver

Países: *França, Itália, República da Macedónia, Estados Unidos e Roménia.*

Cidades*: Boémia, Sicília, Roma, Ravenna, Baht, Bristol, Taunton, Praga, Damasco, Basra, Apúlia, Filadélfia, Los Angeles, Chicago e Bombaim.*

Incenso e leões essenciais para dinheiro

Ó leão Essencial de Incenso e Limão: possui propriedades místicas, alivia o stress e atrai a alegria.

Plantas por dinheiro

Hortelã-pimenta*: A hortelã-pimenta sempre foi conhecida pelas suas propriedades medicinais, mas o simples facto de a ter em casa ajuda a eliminar as más vibrações e a atrair a prosperidade económica.*

Quartzo para o dinheiro

Turquesa: *É um quartzo que atrai a sorte e o dinheiro. As energias de proteção e de abundância que emana protegem a estabilidade económica.*

Amuletos de dinheiro

Os Pentáculos de Júpiter que lhe garantirão a Prosperidade.

Os pentáculos são figuras mágicas, capazes de transmitir energias positivas ao seu meio envolvente. A ação dos pentáculos de Júpiter resulta da combinação de letras, sinais e fórmulas benéficas; simbolizam um desejo de forma gráfica e mística. Atuam claramente sobre a psique das pessoas que têm contacto visual com ele.

A maior compilação de pentáculos encontra-se nas Clavículas do Rei Salomão, um volume de alta magia atribuído a este rei bíblico. Contém 36 pentáculos com diferentes objetivos e entre eles encontram-se os sete pentáculos de Júpiter.

Pentáculos para prosperar.

O objetivo destes pentáculos é proporcionar abundância, resolver conflitos relacionados com o trabalho e ajudar a receber mais diretamente todos os tipos de benefícios que garantem maior prosperidade.

Júpiter, o chamado Grande Benéfico em astrologia, é um planeta que está relacionado com a expansão, o otimismo, as ligações com pessoas poderosas e a capacidade de fazer fortuna. Deve desenhá-las com grande concentração e com a intenção de que elas manifestem a sua vontade. O material mais adequado é um pedaço de pergaminho. Uma vez terminados, devem ser pendurados num local visível, como na caixa registadora ou na carteira (pode imprimi-los).

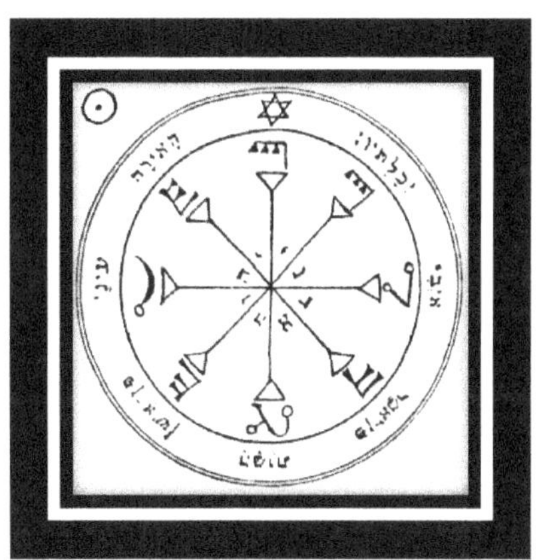

Afirmações para receber dinheiro

Estes decretos devem ser realizados durante 21 dias para que se possam ver os resultados, se possível três vezes por dia. Se os repetir em voz alta, serão mais poderosos.

Eu sou o amor infinito, fonte de riqueza, abundância, prosperidade

Eu sou a abundância perfeita e a riqueza divina.

Sou a prosperidade nos meus negócios e nas minhas finanças.

Eu sou a sabedoria divina que molda inteligentemente toda a existência. Ando seguro na abundância. Eu vejo-me na prosperidade.

Férias

As férias proporcionam benefícios físicos e mentais. Está provado que as férias reduzem os níveis de stress e beneficiam o sistema imunitário. Por vezes, planear umas férias causa stress porque as opções são infinitas e a decisão torna-se uma tarefa quimérica.

A utilização da astrologia e a compreensão da sua personalidade permitem-lhe saber qual o local de férias ideal para si.

***Áries**, uma estância com tudo incluído e atividades desportivas ao ar livre num local quente como Punta Cana, Cancun e as Ilhas Turcas e Caicos seria o ideal. A Austrália é um país excitante, com uma grande quantidade de emoções para fazer disparar o seu coração.*

***Touro**, uma estadia numa estância de luxo nas Ilhas Caimão, ou umas férias de luxo no Dubai, num hotel com todas as comodidades, serão muito apelativas. A Itália é um país perfeito, porque aí encontrará tudo aquilo com que sempre sonhou: amor, charme, luxo, comida maravilhosa e vinhos de primeira classe.*

***Os geminianos** gostam de se sentir intelectualmente empenhados. As excursões guiadas, como um safari* em África ou a investigação das espécies das Ilhas Galápagos, oferecem ao comunicador do zodíaco uma experiência de luxo.

Cancro, viagens curtas, rodeado de família e amigos. A Disney World, com as suas diversões e comidas variadas, é uma opção. Em Orlando, na Florida, existem vários hotéis e resorts fantásticos, cada um com um tema único e fascinante.

Leão, ficar num bungalow sobre o mar no Taiti é fantástico para este signo. Outra alternativa de luxo, que o leão adora, seria alugar uma ilha tropical privada nas Maldivas, nas Ilhas Fiji ou nas Ilhas Virgens.

Virgem, Itália é a sua melhor aposta. Este país mantê-lo-á bem ocupado. Como signo de terra, liga-se ao mundo que o rodeia, lugares como La Romana, na República Dominicana, Perto Vejo, na Costa Rica, e Belo Horizonte, no Brasil, dar-lhe-ão vida.

Libra, opta por cidades com museus. As férias tropicais não serão tão satisfatórias para Libra como visitar o Louvre em Paris, o Museu da Acrópole em

Atenas, Grécia, o Museu do Prado em Madrid, Espanha, ou a Galeria Uffizi em Florença, Itália.

Escorpião, passar uns dias numa praia isolada com bebidas alcoólicas e massagens. Na Grécia, em Bali, em St. Martin ou no Havai, encontrará todos estes luxos. Visitar locais históricos perto do seu hotel de luxo seria uma combinação extraordinária de férias tropicais e culturais. Mikonos e Roda, na Grécia, são destinos perfeitos.

Sagitário, explore o Caminho de Santiago, uma rede de caminhos muito diferentes, todos conducentes à cidade de Santiago de Compostela. Cada caminho tem a sua própria história, património e magia. Sagitário é um viajante que anseia por novas experiências, pelo que na Irlanda encontrará tudo o que procura.

Capricórnio, um signo orientado para os objetivos. Férias em que se podem estabelecer novas relações comerciais. A China seria espetacular. Capricórnio tem um sentido de valor histórico que os outros signos não têm, por isso países como Israel e Egipto, onde a história está viva e bem presente, fá-lo-ão sentir-se em casa.

Aquário *adora novas ideias, novos lugares e novos relacionamentos. Um país fantástico para visitar seria o Japão, não só pela sua história e cultura fascinantes, mas também porque cada uma das suas regiões tem algo diferente para oferecer.*

Peixes, *um signo de água, é feliz com férias tropicais. Um hotel à beira-mar seria o ideal. A ilha "La Dique", na República das Seychelles, talvez a mais bela praia do mundo, será um sucesso garantido. Peixes tem uma visão calma da vida e o facto de ser regido por Neptuno torna-o um pensador criativo. A Suécia é um país que ele deve visitar, porque aí encontrará uma cultura tão inovadora como ele.*

Quem é a sua alma gémea de acordo com o seu signo do zodíaco?

Quando ouvimos a expressão "almas gémeas", pensamos normalmente que se trata de parceiros, ou seja, de alguém com quem se tem uma forte ligação sentimental e sexual. No entanto, as legítimas almas gémeas nem sempre se relacionam dessa forma e, muitas vezes, nem sequer estão interessadas no aspeto sexual de uma relação.

A sua alma gémea pode não ser apenas o seu parceiro, mas também o seu pai, amigo, filho, avô, chefe ou irmã.

De um ponto de vista astrológico, e tendo em conta que as lições que precisamos de aprender antes de atingir o nível espiritual seguinte são as que definem o tipo de relações afetivas que precisamos de desenvolver na vida atual, podemos dizer que Câncer e Peixes são almas gémeas de Áries.

Com Câncer e Peixes, Áries pode não só concentrar-se melhor e resolver conflitos sem violência, mas também desenvolver empatia, ou seja, a capacidade de se colocar no lugar do outro e aprender a partilhar.

Estes dois signos não gostam de conflitos e, se estes ocorrerem, preferem o diálogo a qualquer episódio de brutalidade.

Áries pode ensinar a Câncer e a Peixes a não precisarem da aprovação dos outros, a correrem mais riscos e a não tentarem agradar a toda a gente, ou seja, a serem mais assertivos.

O sensual Touro, inimigo da mudança, familiar nato da inércia, tem como alma gémea Sagitário e Gémeos, dois signos que sabem que a vida é uma viagem fascinante, mas não estática.

Podem ensinar a Touro que não tem de ficar onde já não tem de estar por medo da incerteza, e que haverá sempre certas situações ou circunstâncias que acontecerão sem que estejamos à espera delas e sem que tenhamos qualquer poder para as mudar. Touro também tem muito a ensinar a estes signos.

Lições de força de vontade, de compromisso com os outros, de empenho no que se faz e de persistência até ao fim, sem pressa nem lentidão. Ter princípios e ser prudente.

Leão pode equilibrar muito karma com as suas almas gémeas pertencentes a Libra e Aquário.

Um Leão pode ser teimoso em relação a uma ideia ou crença errada por vaidade; Libra e Aquário sabem que por detrás de uma pessoa egocêntrica há uma baixa autoestima.

Libra ensinará a Leão a equanimidade e a tolerância, a usar o raciocínio e a diplomacia para manter uma comunicação fluida. Aquário, o signo oposto a Leão, dotado de um julgamento objetivo e justo, pois nunca se deixa influenciar por preconceitos, ensinará Leão a ver o coração das pessoas, a oferecer o seu ombro e a dar palavras de simpatia em momentos de necessidade.

Leão nunca hesita quando toma decisões e, se o faz, não o demonstra, algo que Libra deveria praticar.

A fidelidade é uma caraterística de Leão, algo que Aquário não conhece, e os leõezinhos podem dar-lhe lições de moral.

Os virginianos, conhecidos como perfeccionistas devido ao seu imenso medo de falhar, têm Escorpião e Capricórnio como suas almas gémeas. Virgem gosta de ser rigoroso nas suas decisões e tem um protótipo em quase todos os aspetos da sua vida. Esta seletividade impede-os de seguir o movimento da vida.

Virgem vai literalmente destruir um projeto inteiro se achar que não foi perfeito à partida, algo que um Capricórnio nunca faria, pois, a sua visão permitir-lhe-á ver que podem sempre ser tomadas medidas alternativas, sem ter de começar tudo de novo.

Capricórnio é um signo seguro no seu próprio espaço, não toma decisões sem sentido, como acontece por vezes com Virgem.

Escorpião é capaz de atenuar o pior e realçar o melhor de Virgem. Escorpião e Virgem têm uma abordagem prática da vida, no entanto, Escorpião é muito mais amante da vida do que Virgem. Escorpião trará a determinação que falta a Virgem, e Virgem trará controlo e racionalidade ao apaixonado Escorpião.

Virgem tornará Capricórnio mais agradável e brincalhão ao seu lado e isolá-lo-á da excessiva seriedade que muitas vezes mostra no seu rosto.

A loucura

A loucura tem-se revelado ao longo da história como uma verdade obscura, enigmática e contraditória. Assustou-nos, ignorámo-la e até a aceitámos e, como resultado, as pessoas que supostamente sofreram dela foram evitadas, eliminadas e também honradas.

Qualquer comportamento que seja incongruente com o nosso raciocínio não é necessariamente um ato de loucura, mas uma forma diferente de proceder.

É um erro, se nos sentirmos afetados ou incomodados pelas ações ou loucuras dos outros, bani-las, pois isso não nos torna mais razoáveis, equilibrados ou perfeitos, mas torna-nos igualmente loucos.

Definir a loucura é tão complexo como definir a sanidade, mas todos os signos do zodíaco têm o seu grau de loucura.

***Câncer**: São temperamentais. Isto faz com que tenham uma personalidade incompreensível quando vistos de fora. Ganharam a popularidade de loucos devido ao seu carácter inconsistente que, por vezes, perturba as pessoas que os rodeiam.*

***Escorpião - Precisam** de mudança para serem felizes, são capazes de fazer coisas loucas só para gerar* ação. Para eles, ter uma explosão é normal, porque são viciados em mudanças e frenesins.

Peixes: *É impossível não o contagiar com a sua loucura. A sua instabilidade e desequilíbrio incomodam as pessoas que o rodeiam. Veem tudo como um mar de rosas, o que faz com que as pessoas lhes chamem loucos porque estão sempre a flutuar numa nuvem.*

Gémeos: *São famosos pela sua dualidade. Por vezes, estão em conflito consigo próprios. Adoram desafios que envolvam perigo. Adoram planear aventuras improvisadas e estão sempre prontos a ultrapassar os limites da loucura.*

Leão *- Quando o fogo se instala na sua cabeça, pensam que tudo o que rodeia a sua vida é mais urgente do que qualquer outra coisa. São extravagantes e têm atitudes que para os outros são consideradas loucas. São capazes de fazer coisas que uma pessoa sensata nunca faria.*

Áries - Perturbam-se *a si próprios e a quem os rodeia. São teimosos e gostam de ser os primeiros em tudo, mesmo que para isso tenham de fazer loucuras.*

Não sabem como se retrair, o que os leva a atos irracionais.

Aquário: *Signo rebelde e livre, que não se importa minimamente com a opinião que têm de si. Age de forma caprichosa, com atitudes malucas e quebradoras de paradigmas.*

Sagitário - São *divertidos, mas violentos no seu desejo de ação. Não sabem medir as consequências dos seus atos, algo que muitos consideram uma loucura. Não é raro vê-los totalmente desenfreados e irresponsáveis.*

Libra - Desejam *a felicidade e a harmonia, e para a conseguirem estão dispostos a fazer qualquer loucura. São instáveis, e isso leva-os a quebrar os seus compromissos, o que muitos consideram uma loucura.*

Virgem - *Vão ao extremo e tornam-se obsessivos. Têm uma visão do que querem escrita em pedra, ninguém lhes pode dar conselhos, não se deixam guiar. Quando não ouvem, cometem várias loucuras.*

Touro *- Quando uma ideia se instala na sua mente, não a consegue banir, chegando mesmo a cometer* *loucuras para corroborar a sua hipótese. Tente testar a sua paciência e descobrirá como são loucos.*

Capricórnio *- Não esquece absolutamente nada, não perdoa e muito menos esquece, se lhe fizer algo de mal, não se preocupe porque ele vai lembrá-lo para o resto da sua vida até o deixar completamente louco. Capricórnio é insanamente obsessivo em relação ao controlo.*

A psicologia por detrás da lotaria.

Os jogos de lotaria são muito populares em todo o mundo.

Todos nós temos o sonho impossível de ganhar a lotaria, pois a ilusão de ser milionário, por um golpe de sorte, mesmo que as probabilidades sejam mínimas, é a principal razão pela qual as pessoas jogam.

Os jogadores têm a perceção de que o custo do bilhete de lotaria, relativamente aos prémios que receberiam, se ganhassem, é minúsculo. O risco é sempre percecionado emocionalmente e, se nos dá prazer, temos tendência a considerá-lo insignificante e a neutralizar a emoção do perigo, concentrando-nos apenas nos benefícios.

Os jogadores veem a lotaria como uma oportunidade única de ganhar prémios com pouco dinheiro investido e pouca exposição ao risco.

Os jogos têm aspetos tradicionais e supersticiosos. Algumas pessoas jogam sempre os mesmos números porque são os seus preferidos, porque os relacionam com uma data importante ou porque os sonharam.

Outros jogam a uma hora, dia ou local específicos. Quando pensamos que estamos no controlo, sentimo-nos confiantes, porque ao escolhermos os números, em vez de jogarmos ao acaso, embora as probabilidades de acertar sejam as mesmas, temos a impressão de que controlamos o destino e que as probabilidades estão a nosso favor.

Há pessoas que jogam apenas por diversão, nestes casos a lotaria transcende o custo económico, tornando-se um divertimento que é animado quando conjeturam o que podem fazer com o dinheiro que iriam adquirir.

Existem cinco descrições psicológicas de jogadores individuais de lotaria:

O aventureiro *que é enfeitiçado por jogos que envolvem grandes somas de dinheiro, especulando com números aleatórios e também com números planeados.*

O concorrente, *que insiste em exibir-se através do jogo que aposta para ganhar.*

O ganancioso, *que não tem limites para jogar e não tem medo de correr riscos quando joga.*

O tático, *que nunca joga com risco, procura táticas, estratégias e conjuntos numéricos quando joga com os números.*

A *pessoa supersticiosa*, que joga sempre as mesmas combinações de números, utiliza talismãs, rituais ou compra os seus bilhetes numa data e local específicos.

Existe algum truque ou fórmula para ganhar a lotaria?

Essa pergunta continua sem resposta. Há muitos que especulam, e afirmam, que é mais provável ser atingido por um raio do que ganhar a lotaria. No entanto, outros estudam as probabilidades com grande perseverança e subtileza.

Jogar na lotaria, ou em qualquer outro jogo de azar, se for feito com moderação, é uma forma barata de comprar ilusões e confiança no futuro. A complicação surge quando a pessoa não controla os seus impulsos para jogar, gerando uma dependência do jogo e caindo no jogo patológico.

 Um apostador é um indivíduo cujo jogo provoca grandes dificuldades no trabalho e nas relações familiares, pois as perdas induzem-no a apostar mais dinheiro com o objetivo de recuperar o dinheiro perdido. Isto torna-se um círculo vicioso, e a única forma de o resolver é através de tratamento psicoterapêutico.

As melhores prendas para os signos do zodíaco

Dar presentes é uma forma universal de mostrar que gostamos e apreciamos alguém, mas a compra de presentes pode ser um desafio - para alguns, uma verdadeira dor de cabeça.

Os planetas podem ajudá-lo uma vez que, conhecendo o signo do zodíaco da pessoa, pode ser capaz de fazer o presente ideal.

Signos de fogo: áries, Leão e Sagitário gostam de presentes que os façam sentir importantes, que estejam relacionados com desporto, viagens e tecnologia.

Uma máquina fotográfica digital profissional, o último modelo de IPhone, um bilhete de avião com hotel incluído para um local turístico exótico ou com um passado histórico, livros de negócios, roupa de desporto ou equipamento de exercício, bilhetes de lotaria, garrafas de bom vinho e sapatos de marca exclusiva agradarão muito a estes signos.

Touro, Virgem e Capricórnio, que pertencem ao elemento terra, são por vezes tradicionais, mas isso não significa que não gostem de prendas de marca.

Um quadro de um pintor famoso, um cinto ou uma pasta para transportar os seus documentos de trabalho, uma carteira com as suas iniciais, perfumes de marca, massagens ou tratamentos corporais, um animal de estimação, roupões de banho, pijamas acolhedores ou mesmo difusores de aromaterapia fá-los-ão felizes.

Os signos de ar: Gémeos, libra e Aquário *não são materialistas, e a funcionalidade de um presente é muito mais importante do que o preço. A sua imaginação é abundante, e tudo o que estimule esta capacidade agrada-lhes.*

Um telemóvel, um computador ou um iPad, livros sobre crescimento pessoal, espiritualidade, filosofia e terapias alternativas, cursos de autoajuda e de capacitação económica, um telescópio, bilhetes para a ópera ou para o teatro, um animal que não tenha de estar enjaulado, quartzo, óleos essenciais, incenso e colónias pós-banho serão muito apreciados por estes signos.

câncer, Escorpião e Peixes*, os signos de água, vão adorar presentes personalizados. Utensílios de cozinha, um jantar romântico na praia sob o luar, uma massagem relaxante num spa, lingerie ousada, chinelos ou um sofá confortável para ver televisão,* *uma garrafa de champanhe, velas perfumadas, amuletos, livros de astrologia, um conjunto de cartas de tarot, loções, perfumes e acessórios de beleza, vinho, biscoitos, conservas e todo o tipo de produtos gourmet fazem parte da lista de presentes que estes signos aceitarão de bom grado.*

Dar presentes é uma bênção, é um gesto de generosidade; dar presentes é um ato simbólico que representa um elogio, uma atenção a alguém que queremos agradar e simboliza o nosso afeto por essa pessoa.

Quando damos presentes, as relações são melhoradas e reforçadas e gera-se alegria.

Os signos do zodíaco e os seus medos.

Os doze signos do zodíaco simbolizam doze arquétipos essenciais da personalidade humana, mas ao mesmo tempo são protótipos psicológicos, razão pela qual cada um dos signos do zodíaco tem um medo muito específico e pessoal.

Lembremo-nos de que o medo é um mecanismo essencial de alarme e defesa do ser humano. Só se torna um problema quando é excessivo.

*Os medos são inseguranças e, por vezes, projetamo-los com ações opostas, como é o caso do signo **Áries**; conhecido pela sua vontade férrea, nada nem ninguém o paralisa. Adoram controlar tudo e o seu medo mais enraizado é o de falhar ou pedir ajuda, porque para eles isso é sinónimo de fraqueza.*

***Touro** é o mais teimoso dos signos de terra. A mudança aterroriza-os, assim como ficar sem dinheiro; passam a vida a poupar porque a pobreza aterroriza-os.*

***Gémeos**, o comunicador do zodíaco, um pouco ansioso e inseguro, tenta chamar a atenção porque teme parecer aborrecido. Legítimos filhos da Lua, os cancros adoram a sua zona de segurança porque aí* ninguém lhes pode fazer mal, têm pavor da solidão e da rejeição.

Leão, o rei do zodíaco, líder e corajoso, não nasceu para perder. O seu medo mais enraizado é o de passar despercebido, preferem que lhes falem mal, mas não que os ignorem.

O mestre da arrumação **Virgem** torna-se por vezes compulsivo em relação à saúde, razão pela qual são hipocondríacos. O seu principal medo é ficar doente, mas a desorganização assusta-os mais do que qualquer outra coisa.

 A libra, excecionalmente inteligentes, são indecisos e é aí que reside o seu principal medo: tomar decisões. Outro dos seus medos é a solidão.

Enigmáticos e sedutores, **os escorpianos** têm uma memória de elefante, temem a traição e se fizer algo que lhes desagrade, escondem-no para sempre. Nunca guarde um segredo de um Escorpião.

O aventureiro do zodíaco, **Sagitário tem** pavor de compromissos porque tem pavor de exigências. São muito divertidos, mas por detrás desse sorriso está o medo de serem enganados.

*Exigentes ao extremo, **os capricornianos** nunca se afastam dos seus objetivos; o seu principal medo é cometer erros, especialmente a nível profissional. São abnegados e temem não alcançar os seus sonhos.*

*Rebeldes e utópicos, **os aquários** temem perder a sua liberdade, pois isso significaria perder a sua própria essência. Têm sempre muitas amizades, mas nenhuma delas os prende. Precisam do grupo, mas não querem que o grupo precise deles.*

*A paz é sinónimo de **Peixes**, detestam confrontos. Compassivos até ao âmago, têm medo de ver os outros sofrer. São um pouco inseguros, têm medo do palco e receiam a rejeição.*

Alguns livros antigos de astrologia consideram Saturno totalmente responsável pelo medo num mapa natal, eu penso que para que o medo se origine deve haver uma aliança de vários planetas com as suas energias correspondentes.

Ou seja, os medos são representados por vários planetas ligados por aspetos, não existindo um planeta específico que esteja necessariamente relacionado com o desenvolvimento de qualquer tipo de medo.

Lua em Leão

Se a sua Lua está em Leão, exprime as suas emoções com paixão e intensidade, gosta de ser o centro das atenções e de dar um toque dramático aos seus sentimentos.

Idealmente, quer ser apreciado, mas com a Lua em Leão qualquer atenção é melhor do que nenhuma. Se sentir que está a ser ignorado, sentir-se-á ameaçado e, quando isso acontece, os seus instintos levam-no a fingir.

Por outras palavras, enquanto for o centro das atenções, será feliz e sentir-se-á seguro.

Num mundo perfeito, tudo estaria centrado em si, mas como o mundo não é perfeito, não é o centro das atenções.

Com a Lua em Leão, o seu desafio não é descobrir as suas necessidades de segurança, mas sim certificar-se de que os itens da sua lista de prioridades são adequados.

Deve analisar cada relação e determinar quando é apropriado para si ser o centro das atenções. Esteja atento às suas reações.

Trace o perfil do seu eu interior para que os outros o apreciem pelo que é.

As pessoas com a Lua em Leão são calorosas e generosas para com os seus familiares, empáticas e leais. São propensas a uma natureza emocional ciumenta, embora não sejam possessivas. Precisam de um parceiro que possam impressionar. Estas energias tornam-nas difíceis de relacionar emocionalmente.

Os seus sentimentos são feridos quando sentem que são ignorados.

Sentem instintivamente emoções fortes, são dramáticos e criativos. A Lua em Leão está associada às crianças, pelo que gostam de brincar e de se divertir. Passar tempo com crianças ajuda-os a expandir a sua criatividade e diversão.

As pessoas com a Lua em Leão têm qualidades de liderança inspiradoras. Encorajam as pessoas a empenharem-se nos resultados, enquanto apreciam a viagem.

A importância do signo ascendente

O signo solar tem um grande impacto em quem somos, mas o Ascendente é o que realmente nos define, e pode até ser a razão pela qual não se identifica com algumas das características do seu signo.

Realmente a energia que o seu signo solar lhe dá faz com que se sinta diferente do resto das pessoas, por essa razão, quando lê o seu horóscopo por vezes sente-se identificado e dá sentido a algumas previsões, e isso acontece porque o ajuda a perceber como se pode sentir e o que lhe vai acontecer, mas só lhe mostra uma percentagem do que realmente pode ser.

O Ascendente é diferente do signo solar porque reflete o que somos superficialmente, ou seja, como os outros nos veem ou a energia que transmitimos às pessoas, e isto é tão real que podemos conhecer alguém e, se prevermos o seu signo, podemos ter descoberto o seu signo Ascendente e não o seu signo solar.

Em suma, as características que vemos numa pessoa quando a conhecemos é o Ascendente, mas como as nossas vidas são afetadas pela forma como nos relacionamos com os outros, o Ascendente tem um grande impacto na nossa vida quotidiana.

É um pouco complexo explicar como se calcula ou determina o signo ascendente, porque não é a posição de um planeta que o determina, mas o signo que estava a nascer no horizonte oriental na altura do seu nascimento, ao contrário do seu signo solar, que depende da hora exata em que nasceu.

Graças à tecnologia e ao Universo hoje em dia é mais fácil do que nunca saber esta informação, claro que se souber a sua hora de nascimento, ou se tiver uma ideia da hora, mas não tiver uma margem de mais de horas, porque há muitos sites que fazem o cálculo introduzindo os dados, o astro.com é um deles, mas há infinitos.

Desta forma, quando ler o seu horóscopo, pode ler também o seu Ascendente e saber pormenores mais personalizados, verá que a partir de agora, se fizer isto, a sua forma de ler o horóscopo mudará e saberá porque é que aquele Sagitário é tão modesto e pessimista se na realidade é tão exagerado e otimista, e isto talvez seja porque tem um Ascendente Capricórnio, ou porque aquele colega Escorpião está sempre a falar de tudo, sem dúvida que tem um Ascendente Gémeos.

Vou resumir as características dos diferentes Ascendentes, mas isto é também muito geral, uma vez que estas características são modificadas por planetas em conjunção com o Ascendente, planetas em aspeto com o Ascendente e a posição do planeta regente do signo no Ascendente.

Por exemplo, uma pessoa com um ascendente Áries e com o seu planeta regente, Marte, em Sagitário, reagirá ao ambiente de forma um pouco diferente de outra pessoa, também com um ascendente Áries, mas cujo Marte está em Escorpião.

Do mesmo modo, uma pessoa com ascendente em Peixes que tenha Saturno em conjunção com ele "comportar-se-á" de forma diferente de alguém com ascendente em Peixes que não tenha esse aspeto.

Todos estes fatores modificam o Ascendente, a astrologia é muito complexa e não se lê ou faz horóscopos com cartas de tarot, porque a astrologia não é apenas uma arte, mas também uma ciência.

Pode ser comum confundir estas duas práticas e isso deve-se ao facto de, apesar de serem dois conceitos completamente diferentes, terem alguns pontos em comum. Um desses pontos comuns baseia-se na sua origem, ou seja, o facto de ambos os procedimentos serem conhecidos desde a antiguidade.

São também semelhantes nos símbolos que utilizam, uma vez que ambos têm símbolos ambíguos que precisam de ser interpretados, exigindo uma leitura e formação especializadas para saber interpretar esses símbolos.

Existem milhares de diferenças, mas uma das principais é que, enquanto no tarot os símbolos são perfeitamente compreensíveis à primeira vista, pois são cartas figurativas, embora seja necessário saber interpretá-las bem, na astrologia observamos um sistema abstrato que é necessário conhecer de antemão para as interpretar e, evidentemente, é preciso dizer que, embora possamos reconhecer as cartas do tarot, nem todos as conseguem interpretar corretamente.

A interpretação é também uma diferença entre as duas disciplinas, porque enquanto o tarot não tem uma referência temporal exata, uma vez que as cartas são colocadas no tempo apenas graças às perguntas feitas na tiragem correspondente, a astrologia refere-se a uma posição específica dos planetas na história, e os sistemas de interpretação utilizados por ambas são diametralmente opostos.

O mapa astral é a base da astrologia e o aspeto mais importante para fazer uma previsão. O mapa astrológico deve ser perfeitamente elaborado para que a leitura seja bem-sucedida e para que se possa aprender mais sobre a pessoa.

Para elaborar um mapa astral, é necessário conhecer todos os dados sobre o nascimento da pessoa em questão.

Deve ser conhecido com exatidão, desde a hora exata do nascimento até ao local onde ocorreu.

A posição dos planetas no momento do nascimento revelará ao astrólogo os pontos necessários para a elaboração do mapa astral.

A astrologia não consiste apenas em conhecer o seu futuro, mas em conhecer os pontos importantes da sua existência, tanto no presente como no passado, para que possa tomar as melhores decisões para decidir o seu futuro.

A astrologia ajudá-lo-á a conhecer-se melhor, para que possa mudar as coisas que o bloqueiam ou melhorar as suas qualidades.

E se o mapa astral é a base da astrologia, a leitura do tarot é fundamental nesta última disciplina. Tal como a pessoa que faz o mapa astral, o vidente que faz a leitura do tarot será a chave para o sucesso da sua leitura, por isso o melhor é pedir a leitores de tarot recomendados, e embora certamente não consigam responder a todas as dúvidas que tem na sua vida, uma leitura correta da leitura do tarot, e das cartas que aparecem na leitura do tarot, ajudará a guiá-lo nas decisões que toma na sua vida.

Em suma, a astrologia e o tarot utilizam o simbolismo, mas a questão fundamental é a forma como todo este simbolismo é interpretado.

Uma pessoa que domine verdadeiramente as duas técnicas será, sem dúvida, uma grande ajuda para as pessoas que lhe pedirem conselhos.

Muitos astrólogos combinam ambas as disciplinas, e a prática regular ensinou-me que ambas fluem normalmente muito bem, proporcionando uma componente enriquecedora em todas as questões de previsão, mas não são a mesma coisa e não se pode fazer um horóscopo com cartas de tarot, nem se pode fazer uma leitura de tarot com um mapa astral.

Ascendente em Leão

As pessoas com o Ascendente no signo de Leão são as mais otimistas do zodíaco, sabem aproveitar as oportunidades que lhes surgem e são capazes de atingir qualquer objetivo que estabeleçam para si próprias.

O ascendente Leão tem necessidade de mostrar a sua individualidade, bem como de exprimir a sua criatividade.

Por vezes, este Ascendente pensa que deve ser tratado como um rei, porque o seu ego é muito grande. Deve fazer um trabalho dinâmico para ganhar o estatuto que acha que merece, e não se aborrecer quando não consegue o que quer.

O seu ego é forte e poderoso e são teatrais e dramáticos. Estas pessoas têm de aprender que, quando os elogios vêm do exterior, nunca serão completamente felizes ou atingirão o seu pleno potencial, uma vez que estas circunstâncias apenas servem para amplificar o seu ego. As pessoas com Ascendente em Leão têm de aprender a dominar o seu ego e, se querem ter sucesso, têm de se concentrar em si próprias e não permitir que esse lado vaidoso tome conta delas.

Áries - Ascendente Leão

As pessoas com este Ascendente têm muito entusiasmo. Áries e Leão são dois signos de fogo, com muito potencial, pelo que se reforçam mutuamente.

São pessoas com uma autoestima elevadíssima, que se reflete na forma como os outros as veem. Destacam-se pela sua bondade.

No domínio do trabalho destacam-se porque são lutadores, embora por vezes percam facilmente a calma. A sua personalidade egocêntrica pode interferir com a sua profissão, pois são arrastados pelo seu orgulho e pela necessidade de serem o centro das atenções.

No amor, são muito sentimentais, protetores e, quando se apaixonam, dão tudo por tudo.

Por vezes, são tão vaidosos e arrogantes que se tornam tóxicos e controladores.

Touro - Ascendente Leão

O Touro com ascendente Leão vive numa busca constante de prazer. Esta combinação persegue ferozmente o sucesso, tanto a nível profissional como pessoal. Adoram o estatuto e o prestígio.

No trabalho, esforçam-se ativamente para serem bem-sucedidos e, se não o conseguirem, sofrem uma grande desilusão.

São apaixonados e românticos, e adoram cortejar, mas também ser cortejados. Se gostam de alguém, lutarão para o conquistar.

O seu ponto negativo é o desperdício de dinheiro em luxos.

Gémeos - Ascendente Leão
Os gémeos com ascendente Leão são pessoas muito comunicativas. Estão sempre à procura de coisas novas para fazer e destacam-se pela versatilidade.

Estas pessoas gostam de partilhar e trocar ideias, pelo que tendem a ouvir e a valorizar todos os argumentos.

Na área profissional, interessam-se por diferentes ramos e podem ter sucesso em qualquer um deles. O problema é a dificuldade que têm em concentrar-se.

No amor, são sedutores e não têm dificuldade em fazer amigos. Quando se apaixonam, lutam por estar com essa pessoa por todos os meios e empenham-se até ao fim.

Um aspeto negativo destas pessoas é que podem facilmente deixar-se levar pelo seu ego, menosprezando as opiniões dos outros e tentando manipular os seus pensamentos.

Cancro - Ascendente Leão

As pessoas com este Ascendente são carinhosas e orientadas para a família. Possuem muita empatia e compreensão e são capazes de ajudar genuinamente os necessitados.

São idealistas e ambiciosos, pelo que planeiam muitos projetos com otimismo e são bem-sucedidos.

No amor, são pessoas intensas e, quando amam alguém, são fiéis.

Esta combinação é uma pouco teatral e sentimental, o que faz com que ampliem as suas emoções e transformem até a mais pequena coisa em tragédia.

Leão - Ascendente Leão

Os leoninos com ascendente Leão são pessoas muito vitais e confiantes, que lançam um feitiço sobre todos os que encontram. São líderes por excelência.

São motivados no trabalho e gostam de ser reconhecidos publicamente, o que os motiva a desenvolver competências valiosas.

São otimistas e autoconfiantes. Têm a capacidade de enfrentar qualquer desafio.

No plano afetivo, são muito carinhosos e protetores. Anseiam por reconhecimento e valor na relação. Por vezes, procuram mais alguém que as admire do que uma pessoa que esteja na sua posição.

Os leoninos com ascendente Leão são autoritários e egocêntricos, especialmente se estiverem em posições de poder.

Virgem - Ascendente Leão

Estas pessoas não são geralmente muito económicas, embora não se deixem seduzir completamente pelos excessos. Têm grandes ambições e são muito responsáveis em tudo o que fazem.

No mercado de trabalho, esta combinação é muito engenhosa e destaca-se pelas suas capacidades intelectuais. São perfeccionistas e detestam o fracasso.

No amor, não são tão exigentes nas suas relações, mas se gostarem de uma pessoa, esforçar-se-ão por conquistá-la.

Libra - Ascendente Leão

Os librianos com ascendente Leão são sociáveis por natureza, acessíveis a toda a gente, o que lhes permite iniciar relações muito facilmente.

Esta é uma das combinações que apresenta equilíbrio. Estas pessoas tendem a interessar-se pela aprendizagem de assuntos intelectuais numa fase precoce da vida.

No domínio sentimental, são confiantes e determinados, muito apaixonados e socialmente dotados.

Escorpião - Ascendente Leão

Esta combinação é de pessoas que se preocupam com o bem-estar dos seus entes queridos.

No trabalho, têm a energia e a força para investir no seu trabalho. São normalmente pessoas ambiciosas que estão sempre à procura de desafios e de novas ideias para aplicar. Lutam até ao fim para conseguir tudo o que se propõem fazer.

São conquistadores e nada os pode parar quando têm alguém ou alguma coisa na cabeça. São totalmente dedicados ao seu parceiro e precisam de uma vida de sexo e amor intensos para se sentirem confortáveis na sua relação.

Por vezes, são ditatoriais e, frequentemente, não ouvem as opiniões dos outros, nem escutam conselhos.

Estas pessoas tornam-se obcecadas e podem destruir partes da sua vida, do seu trabalho e das suas amizades.

Sagitário - Ascendente Leão

Sagitário com ascendente Leão são pessoas carinhosas e com autoestima. São afetuosas e amáveis, gostam de ver os outros felizes. Oferecem a sua proteção a todo o seu círculo próximo e tentam agradar porque isso vem do seu coração.

Esforçam-se por encontrar a sua verdadeira vocação. São bons comunicadores e destacam-se pelos seus muitos talentos.

Estas pessoas são muito emotivas, gostam de amar e de ser amadas.

Por vezes, estas pessoas são vaidosas, narcisistas e perdem-se nos prazeres da vida.

Capricórnio - Ascendente Leão

Os Capricórnios com ascendente Leão são pessoas responsáveis, sabem gerir a vida e tudo o que os rodeia. Possuem uma grande força de vontade.

No trabalho, transmitem convicção aos que os rodeiam e, quando têm um objetivo, costumam atingi-lo. Têm aptidões sociais e olho para os pormenores. Se utilizarem corretamente os seus recursos, podem alcançar uma posição profissional reconhecida.

No amor, são carismáticos, gostam de mandar nas suas relações e podem ser autoritários, mas sabem reconhecer o que é razoável e o que não é.

Por vezes, podem ser demasiado críticos e, se não concentrarem as suas qualidades, podem causar estragos.

Aquário - Ascendente Leão

Os aquarianos com ascendente Leão são pessoas que têm ideais fortes e gostam de os transmitir. Sabem afirmar-se e fazer com que os outros ouçam as suas opiniões com respeito e admiração.

No trabalho gostam de se destacar e ocupar cargos importantes. São altruístas, mas têm um lado egocêntrico que precisa do reconhecimento dos outros para estar em equilíbrio.

Nas relações românticas, procuram boa companhia e adoram desfrutar de prazeres. O seu parceiro ideal é alguém que não seja submisso.

Quando alguém lhes obedece, perdem facilmente a calma.

Peixes - Ascendente Leão

Os peixes com ascendente Leão são muito empáticos, atraentes e sedutores. Possuem grandes poderes de imaginação e uma boa intuição.

Profissionalmente, têm um faro incrível para os negócios, e o seu magnetismo pessoal leva-os a posições de responsabilidade e poder com facilidade.

Nas suas relações, podem ser um pouco egoístas, mas também altruístas com as pessoas que amam. No entanto, com o seu parceiro são atenciosos e generosos.

Têm tendência para serem vaidosos e egocêntricos. Procuram a atenção a todo o custo e isso pode causar conflitos.

Saturno em Peixes, um dos acontecimentos astrológicos mais importantes.

O dia 7 de março de 2023 foi um dos dias mais importantes do calendário astrológico desse ano. Saturno, o professor severo e senhor do karma, entrou em conflito com Peixes, o sonhador. Este trânsito de Saturno em Peixes, que durará até fevereiro de 2026, não tem sido uma mistura bem-vinda.

Saturno é um planeta de responsabilidade e de autoridade rigorosa, disciplinando-nos e estruturando-nos à medida que transita pelo zodíaco. Saturno quer verificar como estamos a atingir os nossos objetivos e, quando este planeta passa por Peixes, o signo mais espiritual, algumas propostas importantes vêm na nossa direção. Plutão e Saturno, a movimentarem-se em uníssono, vão provocar um gigantesco vulcão energético, que garantirá um período inesquecível. Isto pode parecer uma fórmula de batalha, mas esta combinação energética pode ser eficaz e lucrativa.

Saturno não está satisfeito em Peixes. É difícil para ele estabelecer estruturas e construir a realidade quando tudo está a mudar. Peixes é um signo dual, pelo que pode exprimir-se de formas opostas; pode ser simultaneamente transcendental e prático. Há a possibilidade de Saturno em Peixes indicar a construção de formas acima ou abaixo da água, ou para dominar a água, tais como condutas, aquedutos e portos. Mas também pode revelar o colapso dessas estruturas devido a furacões ou fragilidade estrutural.

O arquétipo de Peixes é contraditório com Saturno. Representa a utopia, a criatividade, a espiritualidade e o esoterismo, bem como os sonhos, as ilusões, as mentiras e o escapismo. Simboliza a aspiração de fluir como o mar, quebrando fronteiras e restrições.

O último trânsito de Saturno em Peixes foi de maio de 1993 a abril de 1996. Esta fase assistiu aos resultados do colapso da União Soviética em 1989, que causou repercussões a nível mundial e esmagou a economia russa. A Rússia desencadeou a primeira guerra da Chechénia em 1994, que se prolongou até 1996. O Tribunal Penal Internacional para a ex-Jugoslávia foi criado em Haia em maio de 1993 para julgar os crimes de guerra cometidos durante a guerra da Jugoslávia no início da década de 1990. Por outro lado, a guerra da Bósnia entre croatas, bósnios e sérvios prolongou-se com crueldade, limpeza étnica e várias execuções. A guerra terminou em 1995 e a maior parte dos comandantes sérvios da Bósnia foram condenados por genocídio e crimes contra a humanidade. Em 1994, teve início o genocídio no Ruanda, quando bandos de hútus assassinaram mais de 700.000 tutsis, tendo sido violadas inúmeras mulheres durante o massacre, que terminou em julho. A crise do desarmamento no Iraque, após o fim da primeira guerra do Golfo, estava a decorrer com muito barulho e sem confiança entre os envolvidos. Na Suíça, uma seita chamada "Ordem do Templo Solar", que se dedicava ao crime e ao suicídio em massa, e aqui nos Estados Unidos, Timothy McVeigh assassinou 168 pessoas no atentado de Oklahoma City. Foi durante este trânsito de Saturno por Peixes que O.J. Simpson foi preso pelo assassínio da ex-mulher e do namorado, e libertado após um longo julgamento que foi um espetáculo ao estilo de Hollywood. Em Londres, Fred West e a sua mulher Rose foram presos depois de terem extraído do seu quintal os corpos de várias vítimas de assassínio. A África do Sul realizou as suas primeiras eleições multirraciais e Nelson Mandela foi eleito presidente, abolindo mais tarde a pena de morte naquele país. A Rússia e a China assinaram um acordo para deixarem de se provocar mutuamente com os seus engenhos nucleares, e o Tratado de Não Proliferação Nuclear foi infinitamente alargado por 170 países. A Austrália concordou em indemnizar os povos indígenas que foram expulsos durante os ensaios nucleares das décadas de 1950 e 1960.

Outros acontecimentos durante o trânsito de Saturno em Peixes são as correntes religiosas, os movimentos ideológicos como o socialismo e o esquerdismo, a transmissão de doenças e contágios, os comportamentos destrutivos induzidos pelo pânico, o aumento do consumo de drogas e o desenvolvimento de todos os tipos de arte, bem como dos meios de transporte marítimo.

Saturno em Peixes fará com que não possamos usar a espiritualidade ou o medo para evitar certos conflitos que temos de enfrentar. Podemos meditar, ir passar cem anos no Tibete e usar os mantras mais poderosos do universo, mas a certa altura, também temos de agir.

Durante os últimos anos em que Saturno transitou por Aquário, tem havido uma necessidade de nos concentrarmos na individualidade e em sermos mais genuínos, em vez de tolerarmos a coerção dos que nos rodeiam. Apesar de Aquário ser um signo conhecido por dançar ao seu próprio ritmo, como Saturno tem tudo a ver com limitações, tem-nos pressionado a sentarmo-nos sozinhos connosco próprios (lembrem-se das restrições durante a pandemia) e a ver onde nos podemos colocar para criar limites saudáveis.

Todas estas lições prepararam-nos para o que nos espera com Saturno em Peixes. Começaremos a ser mais sensatos quanto à forma de acrescentar espiritualidade à nossa vida quotidiana, mantendo ao mesmo tempo a compreensão de como nos estruturarmos. Muitas pessoas abandonarão ou questionarão as religiões ou os dogmas.

É claro que há muitos que não vão saborear este período, entre eles os líderes religiosos e aqueles que promovem teorias da conspiração. Assistiremos a conflitos entre indivíduos de religiões diferentes e a muitas tendências para tentar dominar aquilo em que os outros escolhem acreditar. Temos de aceitar que o facto de os outros discordarem das nossas crenças não significa que estejam errados. Indica simplesmente que os seus pontos de vista são diferentes, porque, no fim de contas, Peixes é sinónimo de inclusão. Algo que nos falta.

Como Peixes e Neptuno regem o sector do entretenimento, os grandes estúdios e editoras discográficas vão fechar e muitos artistas que estiveram ligados a esses estúdios vão decidir criar os seus próprios estúdios. Se é um artista, será do seu interesse utilizar o seu trabalho de forma benéfica, em vez de deixar que as grandes empresas no topo desfrutem dos dividendos.

Haverá menos interesse em efeitos especiais e uma maior orientação para filmes autónomos e temas que reflitam o quotidiano. Apreciaremos a beleza que nos rodeia e seremos menos motivados pelo glamour.

O karma tende muitas vezes a ser visto como mau, mas colher o que se semeia não é uma coisa má, desde que se tenha sido bom. Trabalhar com a nossa bagagem cármico e subconsciente, compreender o passado e estar preparado para o deixar ir, é crucial para navegar neste trânsito e sair dele com sucesso. Se se esquivar, Saturno castigá-lo-á, mas se o abraçar, chegará a um lugar que está predestinado para algo grandioso.

O posicionamento de Saturno no nosso mapa natal indica onde somos compelidos a ganhar o controlo da realidade e a assumir uma maior responsabilidade. Peixes é o último signo do zodíaco, por isso o movimento de Saturno aqui também indica um fim ou um ponto de conclusão de um ciclo muito maior.

Peixes é um signo de água que representa a luz, a escuridão e os mundos invisíveis. É conhecido pelas suas ideias abstratas e criatividade. Peixes é mutável, o que significa que é adaptável e aberto às energias do mundo que o rodeia. Saturno é uma energia muito sólida. Rege a lei, as responsabilidades e as restrições, e a sua energia pode por vezes parecer uma chamada de atenção, trazendo-nos de volta à realidade e fazendo-nos encarar as consequências das nossas ações.

A presença de Saturno em Peixes pode parecer um pouco pesada por causa de tudo isto, uma vez que a energia pisciana, normalmente aquosa, intuitiva e sensível, será forçada a tornar-se um pouco mais reservada.

Para o compreender melhor, pode pensar da seguinte forma: se Peixes é água que flui suavemente, a presença de Saturno constrói represas, e estas represas podem direcionar a água numa direção produtiva e benéfica, mas também podem parecer mais opressivas ou controladoras. No entanto, há uma forma de criar um equilíbrio entre estas duas energias, uma vez que as ideias criativas, intangíveis e externas da energia pisciana podem ganhar algumas raízes graças a Saturno.

Saturno tem uma energia prática, por isso, se a combinarmos com a criatividade de Peixes, há um equilíbrio que pode ser alcançado para nos ajudar a pegar nas nossas ideias criativas e dar-lhes vida ou mesmo transformá-las num negócio.

Peixes está também ligado à religião e à espiritualidade, pelo que com Saturno poderão surgir muitas questões em torno da religião e da espiritualidade e da forma como estas estão ligadas às regras que regem a sociedade. A indústria espiritual poderá também receber uma chamada de atenção sob esta energia ou, a nível pessoal, as suas próprias atitudes e crenças sobre a sua ligação espiritual ou religiosa irão mudar.

O que Saturno realmente quer é que assumamos a responsabilidade pelas nossas vidas e que atuemos de acordo com o nosso eu autêntico. Saturno pode impor limites e restrições que nos fazem sentir presos ou sufocados, mas isso é apenas para que possamos ter tempo para descobrir o que realmente queremos e o que estamos realmente dispostos a defender.

Abaixo, pode ler um resumo do que o trânsito de Saturno em Peixes trará para cada signo do zodíaco. Se quiser tirar mais partido de toda esta informação, recomendo que leia a do seu signo ascendente, se o souber, e depois misture as interpretações.

Outra forma de saber mais sobre este poderoso trânsito planetário é pensar nos temas que se desenrolaram na sua vida da última vez que Saturno esteve em Peixes, que foi de 1994 a 1996, para obter informações adicionais sobre o que este ciclo lhe pode trazer.

Como irá afetar o signo Leão?

À medida que Saturno transita por Peixes, pode dar por si a voltar-se para dentro de si. Haverá uma forte atração para se compreender a si próprio a um nível mais profundo e para desvendar processos de pensamento ocultos ou padrões subconscientes.

Saturno em Peixes também pode trazer uma transformação profunda de algum tipo em que é guiado a passar por um processo de morte e renascimento.

A natureza está constantemente num ciclo de regeneração, as árvores perdem as folhas, entram numa fase de morte e, na primavera, voltam a brotar, entrando numa fase de renascimento.

Há também a história da Fénix que renasce das cinzas. Com Saturno em Peixes, pode dar por si a fazer uma viagem de morte e renascimento.

Poderá ser necessário limpar um ciclo ou eliminar uma crença ou um estilo de vida desatualizado e transformá-lo em algo novo. O renascimento de uma área da sua vida pode sempre trazer desafios, e com Saturno envolvido, é provável que haja desafios.

Saturno é como um professor rigoroso que o vai pressionar para ser a sua melhor versão. Saturno nunca nos pressiona demais ou de menos, ele parece sempre saber a quantidade certa para trazer à tona todo o nosso potencial. À medida que avança neste ciclo de renascimento, alcançará um novo limite para o seu potencial.

Irá descobrir novas competências, viajar para lugares nunca vistos e, por fim, sairá de tudo isto conhecendo-se melhor e mais intimamente.

Saturno em Peixes tem a ver com conhecer o seu verdadeiro eu. Tem a ver com o despir das máscaras, das falsidades, das coisas que o mantêm preso ou limitado, e descascar as camadas para revelar uma versão mais verdadeira de si próprio.

Saturno está intimamente ligado ao nosso contrato de alma, o contrato que fazemos antes de chegarmos a este reino terreno. O nosso contrato de alma descreve todas as coisas que a alma está destinada a aprender e a passar durante o seu tempo na escola terrestre.

O trabalho de Saturno é certificar-se de que estamos a viver de acordo com os termos do nosso contrato de alma. Ele quer certificar-se de que estamos no caminho certo e a fazer o que é suposto estarmos a fazer, por isso tudo o que nos distrai do nosso caminho será removido e quaisquer dívidas cármico que precisem de ser pagas devem ser resolvidas.

Saturno em Peixes também pode causar problemas relacionados com a sua sexualidade e relações íntimas. Poderá ter de se reconectar consigo própria e com aquilo que lhe dá prazer.

Poderá querer explorar o seu lado sexual ou sentir-se mais à vontade com o seu corpo. Saturno também pode trazer alguns limites e restrições, por isso, embora seja encorajada a conhecer-se melhor e a desenvolver uma relação mais profunda e íntima consigo mesma, pode sentir o contrário no início.

Pode sentir-se desligado de si próprio e, por conseguinte, desligado dos seus desejos e do seu centro de prazer. Pode não ter a certeza do que quer dos seus parceiros íntimos, ou pode ter dificuldade em comunicar o que lhe faz sentir bem.

Saturno em Peixes está a ajudá-lo a tornar-se íntimo, mas primeiro precisa de o fazer consigo próprio antes de o fazer com os outros.

Dedique algum tempo a conhecer-se a si própria e ao que deseja, ligue-se ao que a excita e talvez trabalhe os seus centros de energia. Os nossos chakras inferiores, que incluem o chakra da raiz e o chakra sacro, estão localizados abaixo do umbigo e estão ligados aos nossos sentimentos de segurança e ao nosso sentido de desejo criativo.

Só quando nos sentimos seguros no nosso próprio corpo é que podemos ativar os nossos centros de prazer. Por isso, encontre formas de se sentir seguro e enraizado no seu próprio corpo, e será mais fácil regressar a um estado de prazer ou alegria.

É possível que, com a passagem de Saturno por Peixes, precise de descansar. Saturno irá guiá-lo para assumir a responsabilidade pelo seu corpo e pela sua saúde mental, encorajando-o a procurar ajuda se precisar.

Sempre que somos guiados para um ciclo de renascimento, também tem de haver alguma regeneração envolvida. Tens de dar a ti próprio o tempo e o espaço para recarregares as tuas baterias para passares por este ciclo.

Tal como as árvores permanecem dormentes no inverno, porque estão a preservar a sua energia, à espera do momento certo em que os rebentos voltarão a florescer. Se as árvores nunca descansassem, não teriam a energia necessária para formar esses novos rebentos.

É preciso dar a si próprio oportunidades iguais e lembrar-se de que todas as coisas acontecerão a seu tempo.

Como é um signo de fogo, pode sentir o desejo de se apressar, mas Saturno em Peixes vai ensinar-lhe a ter paciência para que possa tomar o seu tempo e considerar realmente porque está a fazer as coisas que está a fazer.

Quando Saturno tiver terminado de atravessar esta parte dos céus cósmicos, sentir-se-á mais ligado a quem é a um nível íntimo. Sentir-se-á mais alinhado com o que lhe dá prazer e com a forma como os outros o podem servir, especialmente nas suas relações íntimas.

Compreenderá o que precisa para se certificar do que já não é para si.

Saturno em Peixes é definitivamente um trânsito um pouco desafiante para si, e vai dar por si a precisar de fechar a porta a alguma coisa.

Mas lembre-se, Saturno está lá para o aproximar do caminho da sua alma e para um estado mais profundo de harmonia e compreensão com o que quer da sua vida. Se sentir um desafio a surgir sob esta energia, volte a si: o que é que realmente quer? O que é que lhe parece certo? Pode não ter todas as respostas, mas sempre que Saturno está envolvido, é uma boa ideia voltar à responsabilidade.

Saturno quer que assumamos a responsabilidade por nós próprios e pelas nossas vidas. Quer que nos apropriemos do que estamos a colocar no mundo e do que dizemos que queremos. Ele quer ter a certeza de que a nossa conversa está alinhada com as nossas ações e que os nossos pensamentos estão alinhados com a nossa alma.

Bibliografia

Algumas informações foram extraídas dos livros publicados pelos autores: Love for all Hearts, Money for all Pockets e Horóscopo 2022 e 2024.

Artigos escritos no New Herald por um dos redatores.

Sobre os autores

Para além dos seus conhecimentos astrológicos, Alina A. Rubi tem uma formação profissional abundante; tem certificações em Psicologia, Hipnose, Reiki, Cura Bioenergética com Cristais, Cura Angélica, Interpretação de Sonhos e é Instrutora Espiritual. Rubi tem conhecimentos de Gemologia, que utiliza para programar pedras ou minerais em poderosos Amuletos ou Talismãs protetores.

Rubi tem um carácter prático e orientado para os resultados, o que lhe deu uma visão especial e integradora de vários mundos, facilitando-lhe a procura de soluções para problemas específicos. Alina escreve os Horóscopos Mensais para o site da Associação Americana de Astrólogos, que pode ser lido em www.astrologers.com. Atualmente, escreve uma coluna semanal no jornal El Nuevo Herald sobre assuntos espirituais, publicada todos os domingos em formato digital e às segundas-feiras em papel. Tem também um programa e um Horóscopo semanal no canal YouTube do jornal. O seu Anuário Astrológico é publicado todos os anos no jornal "Diario las Américas", com a coluna Rubi Astrologa.

Rubi escreveu vários artigos sobre astrologia para a publicação mensal "Today's Astrologer", deu aulas de Astrologia, Tarot, Leitura da Palma da Mão, Cura por Cristais e Esoterismo. Ela tem vídeos semanais sobre temas esotéricos no seu canal do YouTube: Rubi Astrologa. Teve o seu próprio programa de Astrologia transmitido diariamente na Flamingo T.V., foi entrevistada por vários programas de televisão e rádio, e todos os anos publica o seu "Anuário Astrológico" com o horóscopo signo a signo, e outros tópicos místicos interessantes.

É autora dos livros "Arroz e Feijão para a Alma" Parte I, II e III, uma compilação de artigos esotéricos, publicados em inglês, espanhol, francês, italiano e português. Dinheiro para Todos os Bolsos", "Amor para Todos os Corações", "Saúde para Todos os Corpos", Anuário Astrológico 2021, Horóscopo 2022, Rituais e Feitiços para o Sucesso em 2022, Feitiços e Segredos, Aulas de Astrologia, Rituais e Encantos 2024 e Horóscopo Chinês 2024 estão disponíveis em cinco línguas: inglês, italiano, francês, japonês e alemão.

Rubi é fluente em inglês e espanhol, combinando todos os seus talentos e conhecimentos nas suas leituras. Atualmente reside em Miami, Florida.

*Para mais informações, pode **visitar o sítio Web** www.esoterismomagia.com*

Alina A. Rubi é filha de Alina Rubi. Atualmente, estuda psicologia na Florida Internacional University.

Desde criança que se interessa por todos os assuntos metafísicos e esotéricos, e pratica astrologia e Cabala desde os quatro anos de idade. Tem conhecimentos de Tarot, Reiki e Gemologia. Além de autora, é também editora, juntamente com a sua irmã Angeline A. Rubi, de todos os livros publicados por ela e pela sua mãe.

*Para mais informações, contacte-a por correio eletrónico: **rubiediciones29@gmail.com***